Momentos de lucidez
Un relato personal sobre cómo salir de la depresión

Momentos de lucidez

Un relato personal
sobre cómo salir de la depresión

Helios Edgardo Quintas Diaz

© 2015, Helios Edgardo Quintas Diaz

ISBN-13: 978-1515047650
ISBN-10: 1515047652

Diseño de cubierta: Josefina Kurylas
Coordinación editorial: MarianaEguaras.com

Edición para impresión bajo demanda
Impreso por CreateSpace

Por mi madre, Emma.

Por mi padre, Lito:
En tu memoria, pá.

Por mis hijos Juan y Joaquin.

Por Arturo:
Estimado, que de forma imprevista te has tenido que ir. Aún mantengo frescos nuestros debates y esas sabrosas charlas que queríamos que nunca terminasen. Por siempre, gracias amigo.

«Has relatado lo que yo viví. Leer este libro me recordó todas mis vivencias durante mi depresión. Es increíble que suframos enfermedades como esta sin que nos demos cuenta de caer en ellas».

Jaqueline Aldrey
Ex-paciente de depresión

«Como persona que ha convivido con alguien que ha sufrido un proceso similar, este libro me ha impresionado porque permite ver, desde dentro, situaciones que, desde fuera, resultan muy difíciles de comprender».

Melchor Jesús López Márquez
Familiar de paciente depresivo

«Trato cotidianamente con pacientes que sufren trastornos muy severos del comportamiento y las emociones. Como también con sus familias, a las que les cuesta mucho saber cómo enfrentar el problema. Este libro me da herramientas para comprenderlos y tratarlos mejor».

Graciela Rodriguez Fuhr
Licenciada en Enfermería
Clínica Neuro-Psiquiátrica San Juan

«Me ha gustado mucho el libro. Tiene un enfoque muy distinto a lo usual sobre estos temas. La primera parte es muy completa, describe a fondo la enfermedad. Se asemeja mucho a las sensaciones de otros pacientes que tratamos. Separar el texto en síntomas-ideas es esclarecedor y original. La segunda parte destaca muy bien la importancia de la parte personal a la hora de salir del proceso depresivo. En fases iniciales, igualmente, se requiere de la ayuda extra de algún tipo de medicamento para ver algo de luz, como forma de acompañar a la terapia. La tercera parte destaca el valor y la enseñanza de las vivencias personales previas para tener mecanismos que ayuden a superar la enfermedad. La cuarta parte le da brillo al libro y esperanza de superación, además de ser útil para evitar las recaídas.

Lo dicho: leer este libro me ha resultado muy grato. Se lo recomendaré a mis pacientes».

Dr. José Antonio Escamilla Fresnadillo
Médico de Atención Primaria
ABS Sant Ildefons-Institut Catalá de la Salut

«La lectura del libro me ha conmovido. Lo he encontrado muy sincero. Has puesto toda tu piel en él. Queda claro que la depresión es un proceso muy duro. La impresión que tengo es que tu objetivo era dar a conocer el sufrimiento que se vive durante la enfermedad, pero que se puede salir de él, lo cual es reconfortante y esperanzador. Mientras leía me llegaba una música recordándome a *Las cuatro estaciones* de Vivaldi. Has descrito un camino de dolor desde el lugar de alguien que hoy está satisfecho con lo que hace, y ese tono se nota».

Amanda Sierra Ponce
Psicóloga, terapeuta y coach

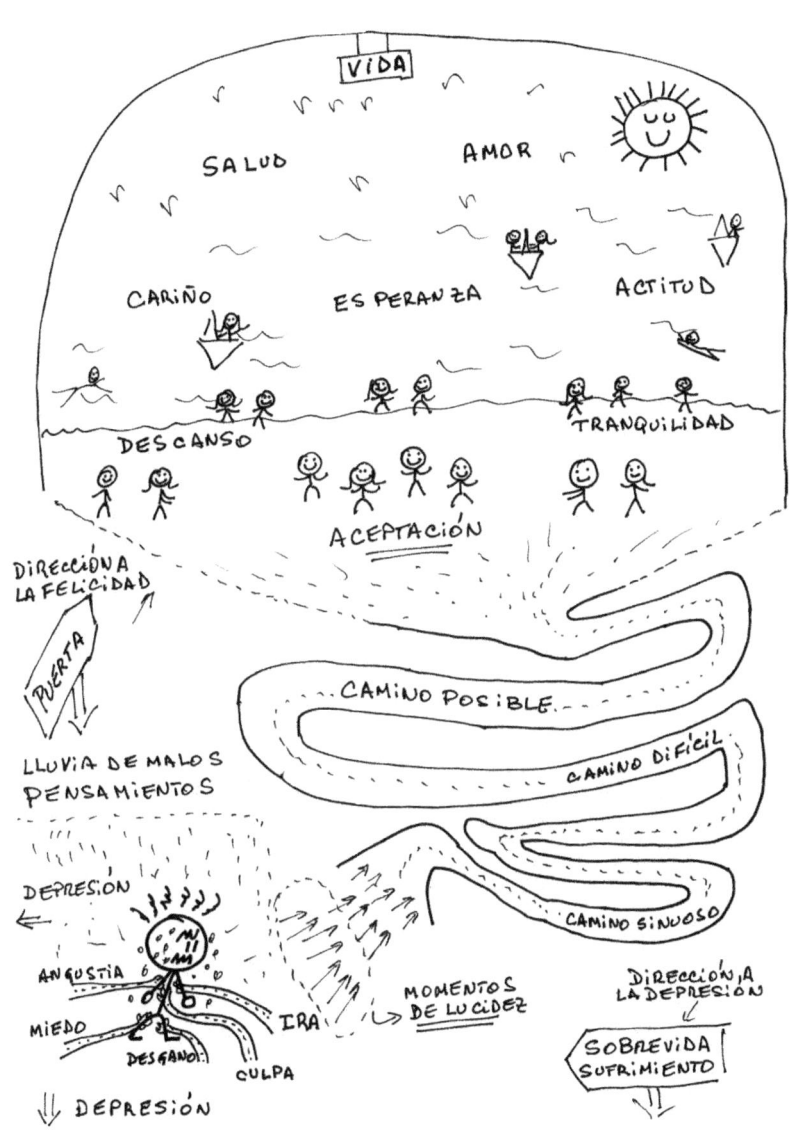

Índice

Prólogo

El momento

—Miren —les dije—, si no les gusta lo que estoy haciendo, ¿por qué no se van a la m...? Yo no tengo por qué aguantar sus quejas.

Y me fui sin decir más, mascullando mucha rabia, mucha ira. Estaba descontrolado, confundido y muy ofuscado. Sentía escalofríos, sudaba, me temblaba la voz. Era un desastre cómo me sentía... Las cosas horribles que cruzaban por mi mente nublaban mi parecer y mis acciones. No recuerdo hoy mismo qué fue lo que sucedió luego, pero algo quedó clavado en mi mente: «¡Tengo que salir de esto! ¡Yo no soy así! ¡Algo tengo que hacer!».

Siempre, o casi siempre, he trabajado en servicios públicos. Esa ocupación me ha supuesto tener que relacionarme con la gente en general y muchas veces he visitado a esas personas en sus domicilios. En consecuencia, acepto como norma que si el cliente se muestra disconforme con mi labor, o con la empresa a la que represento, lo que debo hacer es tratar de resolver el problema que me plantee y mostrarme comprensivo respecto a sus quejas. Nunca insistir o polemizar con él, aunque se muestre enfadado o no acepte mis explicaciones.

En esta ocasión los clientes eran dos personas mayores, lo cual agravó mi sensación de impotencia. No es lo mismo enojarse con personas de edad madura, con quienes uno puede intercambiar palabras fuertes o improperios llegado el caso, que con ancianos. El límite no es el mismo, el respeto con que nos desenvolvemos cambia, nos volvemos permisivos e incluso amables. A mi entender, todos, de un modo u otro, aceptamos esta premisa. Lo cierto es que, esta vez, las quejas de estos abuelos retumbaron mal, muy mal, en mi cerebro, de una forma totalmente extraña a como yo soy. Tanto es así que desencadenaron la escena relatada, tan desagradable e injusta con ellos. Cerca del maltrato, incluso. Por eso terminé tan conmovido.

Evidentemente, este fue un punto de inflexión, el momento en que decidí parar y solicitar la baja médica. La psicóloga con la que me venía tratando desde hacía unos meses me lo había sugerido en distintas ocasiones, pero yo siempre buscaba excusas. Esta vez pude apreciar con toda claridad lo que ella me venía recomendando desde hacía tiempo. A partir de ahí comencé a aceptar la enfermedad.

Por qué escribí esta historia

Ahora, después de sufrir la depresión, de tratarme médica y psicológicamente, comprendí que esta enfermedad no se genera por un motivo determinante u otro, sino que las causas son muy diversas. Por ello las posibilidades de contraerla son muy grandes, y nadie está libre del todo de padecerla. Es una dolencia que puede desencadenar otros malestares y trastornos, a los que muchas veces sirve de soporte. Puede tocarle a cualquiera en cualquier circunstancia o situación y para sufrirla no es necesario vivir una situación especial o traumática. Es evidente también que, aun estando sanos —mentalmente sanos— podemos vivir en nuestras vidas muchos momentos depresivos, y no por ello sufrir la enfermedad como tal. Pero es cierto que hay circunstancias en que podemos ser más permeables a contraerla, momentos en los cuales debamos responder a las exigencias de la vida, sean estas las que sean, que no nos encontremos bien y a causa de esto caigamos en lo que se llama la «espiral depresiva», paso previo a que la enfermedad se apodere de nosotros.

Este libro nació de una necesidad muy fuerte de contar lo que viví durante ese periodo de mi vida; en especial, de mostrar en detalle el tratamiento que hice para recuperarme. Las notas, los cuadernos y apuntes que fui utilizando para los ejercicios que me ayudaron durante la terapia y los libros en los que me apoyé para investigar sobre mi dolencia han servido de soporte. Un par de años después, releyendo ese material guardado, en conversaciones con mi psicóloga y con mi familia, fue naciendo la idea que terminó de movilizarme para poner el empeño en escribir y dar a conocer esta historia. Para lograr este cometido me apoyé en mi versión como paciente y desarrollé una explicación que tuviera en cuenta la comprensión que ahora tengo de esta enfermedad. Desde el inicio acepté que pude haberlo escrito y explicado mucho mejor desde un punto de vista médico o literario. Es un asunto tan delicado que resulta difícil de explicar para cualquiera que lo aborde. Aun así, asumo la responsabilidad, porque tengo la íntima pretensión de ser comprendido. Porque entiendo que si esto sucede saldrán beneficiadas muchas personas, aquellas que lleguen hasta estas líneas. Y porque, en definitiva, en algún momento de estos años creí que había una historia que contar. Una experiencia tortuosa, desgarradora por momentos, y dolorosa de relatar, pero que tiene un final feliz y que reafirma la convicción de que se puede vencer a la depresión; que confirma que es posible llevar una vida sana y placentera a pesar de las vicisitudes que nos presente la vida.

Hay momentos en los cuales resulta decisivo formularse determinadas preguntas: «Esto que me sucede ¿estará causado por una depresión?, ¿Qué hago si lo que estoy sufriendo cada día es por causa de una enfermedad así?, ¿Cómo sé si estoy bien?, ¿Cómo actúo para quitarme este dolor?, ¿Sabré hacer lo correcto y lo necesario?, ¿Tendré esos dolores extraños en mi cuerpo por estar mal de la cabeza?».

Convencido de que la depresión es uno de los peores padecimientos de todos los posibles, sé que todo lo que se haga para afrontarla y erradicarla será poco. Mi pretensión, queda claro ya, es contribuir a ayudar a las personas que sufren esta enfermedad. Por un lado, para los que ya se están tratando, pero especialmente para aquellos que intuyen que la sufren y todavía no han sido diagnosticados. Asimismo, procuro colaborar con los profesionales de la salud que tienen que asistir a estos pacientes, y que pueden trasladarles las historias personales, que les pueden ser de gran ayuda. Espero ser útil tanto a unos como a otros.

Estructura y contenido

El libro contiene cuatro partes que incluyen los dieciséis capítulos de cada asunto tratado. En la primera parte, **La enfermedad**, detallo, uno a uno, la mayoría de los síntomas que sufrí durante la depresión, soporte fundamental para llegar a un diagnóstico correcto. En la segunda parte**, El tratamiento**, relato cómo afronté ese momento de mi vida y los distintos pasos que di para curarme; acentúo la explicación de lo que comprendí durante la terapia. En la tercera parte, **Comienzo de mi recuperación**, cuento los descubrimientos que me ayudaron a establecer una relación más sana conmigo mismo y con mi entorno, y que pude tratar una vez superada la fase más dura de la depresión. Por último en la cuarta parte, **La vida después de la depresión**, describo la vida que llevo hoy, cómo me trato a mí mismo y me cuido, a partir de las enseñanzas que me dejó esta experiencia. También resumo algunos criterios y consejos que pueden ser de interés para el lector.

GLOSARIO

DEPRESIÓN. Síndrome caracterizado por una tristeza profunda y por la inhibición de las funciones psíquicas, a veces con trastornos neurovegetativos.

DIAGNÓSTICO. Calificación que da el médico a la enfermedad según los signos que advierte.

ENFERMEDAD. Alteración más o menos grave de la salud.

ESPIRAL DEPRESIVA. Pensamientos negativos que se encadenan. Sentimientos negativos y dolorosos que se sostienen en el tiempo.

PSICÓLOGO. Profesional dotado de especial comprensión para el conocimiento del carácter y la intimidad de las personas.

SÍNDROME. Conjunto de síntomas característicos de una enfermedad.

SÍNTOMA. Señal o indicio revelador de una enfermedad.

La depresión en el mundo

Nota descriptiva N.° 369. Octubre de 2012

Datos y cifras

• La depresión es un trastorno mental frecuente que afecta a más de 350 millones de personas en el mundo.

• La depresión es la principal causa mundial de discapacidad y contribuye de forma muy importante a la carga mundial de morbilidad.

- La depresión afecta más a la mujer que al hombre.
- En el peor de los casos, la depresión puede llevar al suicidio.
- Hay tratamientos eficaces para la depresión.

Generalidades

La depresión es una enfermedad frecuente en todo el mundo, y se calcula que afecta a unos 350 millones de personas. La depresión es distinta de las variaciones habituales del estado de ánimo y de las respuestas emocionales breves a los problemas de la vida cotidiana. Puede convertirse en un problema de salud serio, especialmente cuando es de larga duración e intensidad moderada a grave, y puede causar gran sufrimiento y alterar las actividades laborales, escolares y familiares. En el peor de los casos puede llevar al suicidio, que es la causa de aproximadamente 1 millón de muertes anuales.

Aunque hay tratamientos eficaces para la depresión, más de la mitad de los afectados en todo el mundo (y más del 90 % en algunos países) no reciben esos tratamientos. Entre los obstáculos a una atención eficaz se encuentran la falta de recursos y de personal sanitario capacitados, además de la estigmatización de los trastornos mentales y la evaluación clínica inexacta. Las personas con depresión no siempre se diagnostican correctamente, ni siquiera en algunos países de ingresos elevados, mientras que otras que en realidad no la padecen son diagnosticadas erróneamente y tratadas con antidepresivos.

La carga mundial de depresión y de otros trastornos mentales está en aumento. En una resolución de la Asamblea Mundial de la Salud de mayo de 2012 se abogó por una respuesta integral y coordinada de los países al problema de los trastornos mentales.

Fuente: Organización Mundial de la Salud.
http://www.who.int/mediacentre/factsheets/fs369/es/

Parte I

La enfermedad

— Soy un vago.

— No sé cuidarme.

— Me olvidé de lo que es disfrutar.

— Me gusta sufrir, me gusta sufrir… (lo repetía).

Frases como estas, y otras peores, me las decía a mí mismo durante la depresión. No importaba lo injustas que fueran. Estas precisamente las escribí en uno de los ejercicios que realicé durante el tratamiento de la enfermedad. El propósito de la primera parte de este libro es describir las dolencias y los malestares que soporté durante todo ese tiempo. Con ese fin trabajé en una clasificación de síntomas, en la que detallé las señales que iba percibiendo. Fui comprobando cómo influían en mi conducta, y cómo lograban que sufriera un castigo cada día. Por eso este reconocimiento resulta de vital importancia para que alguien afectado de depresión pueda tener opciones reales de vencer la enfermedad. Por el conocimiento que ahora tengo de este mal, sé que los síntomas se manifiestan en cada persona de forma singular. Pero hay muchos patrones comunes, importantes a la hora del diagnóstico, que se pueden considerar. Relataré de qué forma se reflejaron en mi caso. El lector podrá observar las similitudes o diferencias que puedan ser de interés para él. *Ser uno mismo quien detecte sus propios síntomas* es lo fundamental para comprender este proceso; darse cuenta de estar viviendo un proceso depresivo, o mentalmente complicado, y de la necesidad de pedir ayuda profesional.

Esos malestares que fui descubriendo me transformaban en *alguien totalmente ajeno a mi verdadera forma de ser*. Convivir con esa realidad me imponía un gasto de energía tan constante como inútil. Todo se hacía insoportable e impredecible. Conducir mi vida por ese carril significaba que en cualquier momento podía suceder algo terrible. Algo que, por desgracia, no estaba en mis manos sino en los de la depresión. Algo de lo que no era consciente. Ocurría, además, que mi familia, mis amigos y la gente con la que me relacionaba tenían que soportar las consecuencias de esta situación, y sus reacciones, lógicas en cierto sentido —es muy difícil relacionarse con alguien en ese estado—, complicaban aún mucho más la situación. Ese trastorno de la conducta (en términos psicológicos: negativista, desafiante y antisocial) lo transforma a uno en *rehén, en diligente cumplidor de órdenes mentales impuestas y obligadas*, sin que en ese momento puede darse cuenta de ello. Utilizaré una comparación, un tanto burda pero que me servirá para explicarme: es como ser contratado para trabajar de repartidor de pizzas y repartir, en realidad, pensamientos negativos. Quien recibe y soporta esos pensamientos somos nosotros mismos, además de nuestro entorno. Vamos cayendo secuestrados por este mal y, además de estar atrapados, cumplimos sus exigencias.

A este proceso lo llamé, en algún momento, «el asalto de los pensamientos negativos». Después, mientras iba recopilando el material para escribir este libro, me di cuenta de que expresaba con toda claridad la situación a la que me refiero. La frase resume con precisión lo que me sucedía con esos pensamientos, porque literalmente me asaltaban, robaban mi voluntad, me hacían su prisionero y me impedían pensar y sentir lo que yo realmente hubiese pensado y sentido estando sano. Sin darme cuenta me fui transformando en un autómata, un ser dependiente de esos pensamientos nocivos y, en definitiva, alguien sin voluntad o con la voluntad robada.

Algunos de estos padecimientos se alargaban en el tiempo y los sufría de forma continua. Otros, en cambio, llegaban repentinamente y duraban periodos más o menos cortos. Luego se retiraban sin ninguna explicación, para volver, otra vez y en otro momento, también sin motivo aparente. Asimismo, me ocurría que ciertos síntomas incitaban y empujaban a otros a surgir. Se enquistaban en mi mente, como si existiera una relación entre ellos, y se potenciaban entre sí. Por ejemplo, el «dolor de espalda-ducha-asalto de pensamiento negativo» que soportaba todas las mañanas, y al que me referiré después, pero que muestra tres aspectos en un mismo síntoma. También me di cuenta de que la depresión puede involucrar afecciones físicas. Y que, en todo caso, el estado anímico influye en nuestro cuerpo de forma muy clara.

Cuando empecé a preparar este trabajo, al principio hice una lista inicial, sin discriminar unos síntomas de otros, porque mientras los sufrí no estaba en situación de hacerlo. Pero durante el proceso de escritura me di cuenta de que tenía que encontrar una forma sencilla, y al mismo tiempo ordenada, de contarlos, de contemplar las diferencias y «formas de doler» que existen entre ellos. Hay dolencias de periodos de mayor y menor gravedad de la enfermedad. Recorren varios años de mi vida previos al diagnóstico. Así llegué a establecer una clasificación que ordené y describí para elaborar los capítulos de esta parte y que expondré a continuación.

GLOSARIO

DOGMATISMO. Creencia de quienes quieren que sus afirmaciones sean aceptadas como verdades absolutas.

GAS NATURAL. Empresa de servicios en el área del suministro del gas domiciliario.

HACERSE (ALGUIEN) MALA SANGRE. Atormentarse por algo.

INTERNACIÓN PSIQUIÁTRICA. Ingreso en un hospital o en una clínica donde se trata a los enfermos mentales.

MACHAQUE (ACCIÓN DE *MACHACAR*). Porfiar e insistir sobre algo.

ONG (ORGANIZACIÓN NO GUBERNAMENTAL). Institución de iniciativa social, independiente de la Administración Pública, que se dedica a actividades humanitarias, sin fines lucrativos.

REFLEJO CONDICIONADO. Reacción automática provocada por un estímulo específico.

RUMIACIÓN (DE *RUMIAR*). Considerar despacio y pensar algo con reflexión y madurez.

TRASTORNO. Estado mental de quien no es responsable de sus actos; puede ser permanente o transitorio.

Capítulo 1

La depresión en mis pensamientos

El machaque

Como iremos viendo, mi peor enemigo era yo mismo. Esto se puede apreciar claramente en la influencia del «machaque». La acción de insulto hacia mí mismo, de exigencia extrema y de maltrato íntimo se expresaba con el machaque más que con cualquier otro síntoma. Para poder explicar este pensamiento negativo es imprescindible darse cuenta de que surge de la imagen que había fabricado de mí mismo; esto es, la de alguien que puede con todo y que no tiene frenos para conseguir aquello que se propone. Íntimamente no me permitía la posibilidad de errar o de equivocarme y, por lo tanto, tenía que exigirme al máximo. Todo tenía que estar al alcance de la mano, de mis manos. El diálogo en mi interior era más o menos como sigue: «¿Cómo puede ser que no lo logre (por ejemplo, conseguir una vivienda a una familia que la necesitaba y que recurrió a la ONG) si he pasado tantas dificultades en el pasado y he salido adelante, ¡conmigo y con todo!? ¿Cómo puede ser que no me quite de encima este "malestar" tan insignificante?». Despreciaba a la depresión, porque no tenía muy claro lo que era. Permanecía inmóvil sobre una falsa autovaloración. Pensaba que era indestructible. Me veía como alguien que no puede sufrir, ni dolerse y que no puede ser compasivo consigo mismo. Había perdido la sensibilidad hacia mi propia persona y por eso me machacaba.

Puede que el origen de este síntoma esté en el filtro mental histórico (algo que descubrí durante el tratamiento y que desarrollo en la tercera parte del libro) que explica la imagen que vamos edificando de nosotros mismos a través de los años. En mi caso se plasmaba en la creencia de que tenía que exigirme al máximo en todo lo que hiciera y emprendiera, aunque eso me costara mi salud. El problema de esta exigencia desmedida, incluso alocada, es que en algún momento se rompe. Y esto sucede porque se quiebra la salud, porque es imposible cumplir con todo a la perfección. No existe posibilidad real de ser un «superhombre». Uno tiene sus cualidades, pero también sus carencias. Es necesario comprender que no se puede con todo, y más aún cuando se está enfermo y cansado.

El machaque me llevó a embarcarme a planificar excesivamente todo lo que tuviera que hacer. Me planteaba objetivos que estaban muy lejos de mis posibilidades reales. En todo caso, me proponía hacer aquello que parecía imposible de lograr. El machaque consiguió, por ejemplo, que me excediera de forma temeraria en mi colaboración económica con la ONG a la que pertenecía y de la que me sentía responsable de una forma nada sana ni natural.

A continuación refiero dos ejemplos de machaque que resultan esclarecedores por el significado que tiene para mí la valoración del sentido de justicia y la ayuda a las personas necesitadas. Demuestran cómo la visión con la que me guiaba estaba totalmente desenfocada.

Para explicar el primero de ellos, necesito mencionar que, antes de que me dieran la baja médica, mis horarios laborales arrancaban alrededor de las 6 de la mañana y muchas veces concluían después de la medianoche. Por un lado, me ocupaba de mi trabajo, por el cual recibo una remuneración. Por otro, participaba en tareas de dirección —o sea, de compromiso importante— en la ONG que ayudé a fundar. El machaque me impuso asumir como algo normal trabajar horas y horas sin descanso. Los fines de semana se habían transformado en un continuo de compromisos y quehaceres, por lo cual no esperaba que llegara el fin de semana para poder relajarme, estar en familia, distraerme o descansar, sino que continuamente me proponía hacer cosas. Para una ONG (que siempre necesita mucha ayuda) o para cualquier empresa o emprendimiento encontrarse con alguien que se exige al máximo es lo mejor que le puede ocurrir. Pero además la necesidad de hacer cosas nunca se agota. Como se suele decir popularmente, «siempre hay algo más que se puede hacer». Esto es válido tanto para un trabajo común y corriente como para una ONG.

El problema surge cuando, producto del machaque, no nos permitimos dejar *nada de nada por hacer*, cuando creemos que somos imprescindibles para todo, literal y metafóricamente. Sentir y pensar así nos lleva a vivir al límite de nuestra fuerza física y mental. Continuamente nos encontramos sometidos a un nivel de exigencia excesivo, fuera de lo común. Así actuaba yo, día tras día, sin asumir descansos ni delegar en otras personas las tareas que podía y era necesario delegar. El sentido sano y normal de responsabilidad que cualquier persona tiene, durante este periodo de mi vida se había transformado por completo. Me machacaba, hora a hora, día a día, por cumplir con todo lo que me proponía y asumía para hacer, aunque esto se encontrara muy lejos de mi alcance. Es cierto que uno puede pasar por periodos de sacrificio en los que necesita hacer un esfuerzo extra para lograr conseguir algo. Pero si ese esfuerzo extra se extiende durante meses y meses, años y años, como me sucedió a mí, en algún momento pasará factura y llegará la enfermedad. Esta es la situación que viví durante más de siete años.

El otro ejemplo de machaque, de exigencia extrema y del todo fanática, surgió en una de las muestras de identidad de mi persona: la solidaridad. Toda mi vida he sido alguien dado a estar pendiente de las necesidades de las personas cercanas y de mi entorno, pendiente de aquello que puede hacer falta en los grupos humanos de los cuales formaba y formo parte. Por tanto, ser solidario, en mi íntima concepción de la vida, es algo intrínseco a mi persona. El problema surge cuando la acción de hacer algo concreto por alguien o por algo que necesite el grupo al que pertenecemos se transforma en «conseguirlo de cualquier manera y a cualquier precio», cuando se convierte en imprescindible desde nuestro punto de vista y, por lo tanto, tenemos que hacer cualquier cosa por lograrlo. En la tabla siguiente muestro en detalle la explicación. El ejemplo de solidaridad extrema que menciono lo vivía de forma cotidiana. Su influencia en mi persona era determinante. Lo que nunca pensé, hasta que lo detecté como síntoma, es que era producto de la enfermedad.

Solidaridad neutra

En esta situación nos mostramos solidarios y ayudamos cuando queremos y cuando podemos. Nuestras acciones surgen con espontaneidad y no sentimos ninguna necesidad de hacer nada más. En resumen, actuamos cuando queremos y cuando podemos. No hace falta ningún equilibrio porque es una acción inocua o neutra.

Solidaridad comprometida y organizada

En este caso la acción solidaria asume un compromiso. Es el ejemplo de un voluntario, cooperante o simpatizante de una ONG, club o cualquier otra forma en la que uno adapta su tiempo y su organización cotidiana para ayudar. Asumimos de forma organizada que el compromiso, contrato, o acuerdo está basado en poder cumplirlo y tiene en cuenta nuestras posibilidades y también nuestras limitaciones. El resumen sería este: queremos y actuamos cuando podemos, pero organizamos el tiempo, el dinero y nuestra participación es fructífera para nosotros porque, además de reconfortarnos por la acción solidaria, termina siendo útil para el que la recibe. Existe un equilibrio.

Solidaridad extrema (fanática)

En este caso lo que puede ser una acción eventual o puntual de solidaridad se transforma en el tiempo en algo extremo y enfermizo. Las acciones que pretendemos hacer están encima —y muchas veces muy por encima— de nuestras posibilidades reales. Ejemplos:
• Dormir 4 o 5 horas al día para poder cumplir con todo.
• Pedir un crédito personal para financiar los gastos de la ONG.
• No hablar ni comunicarse con normalidad con los hijos ni con la familia porque hay algo «muy importante» que hacer y extender esta actitud meses y meses, y años y años. Evidentemente, exigirte de manera fanática llevará a que en algún momento el equilibrio se rompa.

Varias veces me enfadé con mi familia y mis amigos por lo que yo consideraba una falta de solidaridad por su parte. Evidentemente, esto no es normal. Ser solidario, además de íntimo en su sentimiento, es una decisión personal. Pero el machaque hacía que insistiera y terminara molestando con tanta exigencia.

Sentía el pensamiento-sentimiento-obligación-orden de atender al que necesitaba algo de mi persona y del mismo modo quería que respondiera mi entorno. Pero muchas veces esta supuesta necesidad de las otras personas de mí no era tal, era yo quien la imaginaba y me obligaba. El machaque hacía que pensara que no ser solidario o, peor, no preocuparme por el otro (fuese quien fuese), lo tenía que poner primero en mi lista de acciones o de tareas.

¿Cómo ser solidario, algo de lo que estoy orgulloso, puede transformarse en una carga tan pesada de llevar cada día? Además sentía que si no sufría por lo que le pasaba al otro no era del todo solidario. Sinceramente, esto es increíble.

Si pensamos en alguna característica de nuestra personalidad de la que estamos orgullosos y que, producto de un síntoma como este, llevamos al extremo, fanatizándola, podremos comprenderlo bien. Este pensamiento negativo se había consolidado en mi interior. Justificaba esta forma de actuar como algo natural. A otras personas, esta misma dolencia puede influirles en otros aspectos de su personalidad, como la extrema responsabilidad, el detalle al mínimo imposible, la limpieza llevada al extremo, o cualquier otro ejemplo que al lector se le pueda ocurrir. Lo que hay que descubrir es que *el machaque es, en definitiva, la exaltación fanática de algún aspecto de nuestra personalidad.*

ESQUEMAS DE MACHAQUE: EJEMPLOS DE DIÁLOGO INTERIOR.

La rumiación

La rumiación es un síntoma que se desarrolló en mí durante la depresión que padecí. El término lo aprendí cuando leía libros sobre el tema. En psicología, *rumiar* es negativo y se refiere a los pensamientos obsesivos. La palabra describe el acto de rumiar la comida que hacen algunos animales, como la vaca, que devuelve una y otra vez el alimento a su boca para volver a masticarlo, se supone que con la idea (o, mejor dicho, el instinto) de sacar el máximo provecho de él. Adaptándolo a lo que quiero explicar, *rumiar* sería tratar de llegar a la mejor conclusión, la más afín a nuestro gusto sobre un pensamiento determinado. Sería como sacarle el máximo jugo a algo que previamente suponemos que merece que pensemos y deduzcamos.

Durante la enfermedad esta actividad normal de la mente, y de la vida, en mi persona se desbocó, se transformó en un martirio y llegó a extenuarme de tal forma, que *muchas veces pensé que me estaba volviendo loco*. Se manifestaba cuando tenía alguna cuestión o alguna preocupación que debía resolver, que en ese periodo eran muchas. En consecuencia, tenía que ponerme a pensar en ello. Y lo hacía, poniéndole al asunto todas las claves para ayudarme a llegar a la conclusión que creía mejor hasta ese momento. Luego me disponía a hacer aquello que resultara de esa conclusión primaria, o que mejor se adaptaba a mi forma normal de pensar. Sin embargo, de inmediato, ese pensamiento se enraizaba y me obligaba a darle otra vuelta de tuerca.

Poco después, cuando nuevamente suponía que había concluido, me volvía la necesidad de querer sacar una nueva conclusión. Esto se repetía hasta el infinito o, en todo caso, así lo sentía, ya que nunca me parecía segura cualquier conclusión que obtuviese. Era una suma y un encadenamiento de pensamientos que no podía frenar; en general, todos negativos y a cual peor. Sentía una frustración muy grande porque parecía que no acabaría nunca. Pero además, por si esto no fuera suficiente, también los regurgitaba. Volvían, aunque no tratara ese tema en ese momento, como una pesadilla recurrente. Tenía la sensación de que jamás podría quitármelos de encima. Sufría ataques con imposición de pensamientos, ideas, esquemas..., además de sensaciones y sentimientos para que me ocupara de ellos. Me sentía obligado a pensar en la rumiación y no podía decidir sobre mi mente. Era totalmente inhumano vivir así.

RUMIACIÓN

Había días, o momentos, en que un comentario mínimo, un detalle o una situación me recordaba una rumiación anterior, que nuevamente se reiniciaba y me hacía sufrir. Otras veces comenzaba de forma aparentemente controlada, o que yo pensaba que podía controlar. Pero no era así, y cada vez se enraizaba con mayor fuerza, como si de una garrapata se tratara. Era como esas trampas en las que, cuanta mayor fuerza para librarse, más fuerza atrapadora se genera.

Recuerdo noches en las que por no poder abandonar una rumiación, por el asunto que fuera, me sorprendía la hora de irme al trabajo. No lograba dormir nada, no lograba «desenchufarme» de los pensamientos encadenados. Además me acompañaba otra sensación, que di en llamar *nada puede salir bien*. Este sentimiento se encadenaba a la rumiación y me hacía pensar y sentir, por más que me ocupase de tal o cual asunto, que las cosas me saldrían mal. El cúmulo de detalles que pensaba sobre cada tema era enorme y nunca me sentía satisfecho con lo que había acordado conmigo mismo solo un momento antes. Cualquier deducción que asumía como concluida no valía para nada. No era una vida, era un infierno.

El miedo a ser un farsante

Sentía que era un tramposo y un mentiroso, alguien que vivía de los demás y que no merecía nada de lo logrado hasta ese momento en la vida. La opinión que asumía era que todo lo que poseía, ya fuera material, profesional, familiar, etcétera, no me pertenecía, porque no lo había ganado con mi esfuerzo. Mi mente me decía que todo había sido un regalo, o peor, un préstamo y que, por tanto, me encontraba en deuda prácticamente con todo el mundo. Esta sensación me generaba una frustración constante y, a su vez, una necesidad permanente de aprobación por parte de los demás.

Me sucedió al aceptar la baja médica que me recomendaba la psicóloga antes del inicio del tratamiento, porque pensaba que era un regalo y que no era justo. Pedía perdón a todo el mundo, todo el tiempo, porque suponía que los molestaba o que era demasiado pesado.

ESPEJO QUE NO MUESTRA LA IMAGEN REAL.
POR SUPUESTO, VEO A ALGUIEN MENTIROSO.

En un apunte de mis notas escribí lo siguiente: «obligación moral que se tiene a consecuencia de haber cometido un yerro (error)». Estaba refiriéndome a una de las acepciones del diccionario sobre la responsabilidad. Me decía para mis adentros que no era alguien responsable, que me había equivocado en el pasado y que por eso tenía que vivir pidiendo disculpas. Evidentemente, había generado un estado de íntimo «sentimiento deudor». Para todo y con todos.

En una ocasión realicé una llamada telefónica internacional, con un coste muy elevado, con la única intención de confirmarle a mi interlocutor que me estaba ocupando de sus asuntos. Podía haber hecho lo mismo a través de un correo electrónico o de cualquier otra forma. No era por la llamada en sí —lo remarco— sino por el impulso solapado de exculparme con alguien con el que me sentía en deuda, de una forma imprudente, y hasta extraña. Porque el costo de la llamada era, obviamente, muy elevado. Con anterioridad, las dos partes habíamos tratado este asunto. Pero, además, no existía ninguna deuda real; ni monetaria, ni moral, ni de ningún tipo. Esto es lo que quiero resaltar: asumía que era un farsante y también un embaucador, alguien al que no se le puede creer lo que dice o hace. Por eso, para cambiar esta situación, tenía que hacer cosas como las que menciono.

Vivía pidiendo disculpas y aceptación, exageradamente. De alguna forma tenía que mostrar lo bueno que era. Está claro que esta situación no podía durar mucho tiempo. Me hacía sufrir enormemente y me ocasionaba incontables problemas. Tampoco podía vivir dependiendo de la aprobación o la desaprobación de los demás, sin asumir que esto es imposible de sobrellevar con equilibrio. Porque nunca habrá justa medida de esta forma. Tuve que sufrir mucho para darme cuenta de que solo nosotros mismos podemos aprobarnos o desaprobarnos.

Las listas inacabables (la vida en las listas)

Siempre había recurrido a realizar listas de tareas para organizar mi tiempo, algo que en momentos normales no supone problema alguno. Es válido, se tenga una vida ajetreada o no. Siempre estamos de una forma u otra haciendo listas, ya sean de compras o de quehaceres. Pueden ser de gestiones diarias o futuras. De acontecimientos que queremos vivir o de los que queremos formar parte. Eventos que prevemos o situaciones que, por el contrario, nos importa tener presentes para estar preparados. A veces solo son apuntes en un calendario. Otras veces son notas enteras desarrolladas concienzudamente en una agenda o un cuaderno que designamos nosotros mismos como el propio para estos menesteres. También echamos mano a ayudas memoria (otro nombre dado a una lista) en el teléfono móvil, donde muchas veces nos apuntamos alarmas que nos recuerdan tareas, gestiones o lo que tengamos que hacer. Para elaborar una lista, necesitamos utilizar un tiempo de estudio de posibilidades, opciones para establecer qué poner primero y qué después. Es decir, que trabajar en una lista puede ser algo simple o por el contrario transformarse en una tarea altamente complicada. Una lista puede ser una expresión de nuestros deseos futuros como puede ser la constatación certera de gestiones concretas e ineludibles que tenemos que cumplir.

En mi caso utilizo siempre cuadernos de apuntes donde, además de anotar cuestiones de mis trabajos y de las ONG en las cuales participé o participo, hago otras anotaciones personales. Elaboro listas de tareas o de quehaceres que orientan mi día a día y me sirven de apoyo organizativo. Las listas son, en definitiva, una herramienta a la que muchas veces utilizamos para diagramar los pasos por donde llevar nuestras vidas. Pero con la enfermedad todo esto se transformó en una losa insoportable, ya que me imponía una montaña tras otra de tareas. Parecía una rueda sin fin. Cuantas más tareas tenía que realizar, peor me sentía, porque nunca lograba satisfacer mis exigencias. En algún momento llegaron a ocupar el lugar de organizador absoluto de mi vida, algo totalmente fuera de lugar. Evidentemente, una lista es algo que nos puede ayudar, pero utilizarla como *lista-orden* supone un problema. La llamo lista-orden para expresar que no es nuestro pensamiento consciente y relajado el que decide por donde ir cada día, sino que esa lista que existe es a la que tenemos que hacer caso para organizar nuestra vida cotidiana. ¿Y esto que quiere decir? Que se había roto el criterio de razonar lo mejor para mí. Había perdido el poder de decisión a manos de algo que me había impuesto días, o meses, anteriores. Había transformado en una orden extrema, en una imposición, algo que no era más que una sugerencia o un apunte. Para alguien con depresión esto resulta muy doloroso.

LISTAS Y MÁS LISTAS.

Pero, además, había perdido la noción de la realidad, porque me imponía hacer cosas que, tal vez, no eran realmente necesarias o que, si las había apuntado anteriormente en la lista, si las pensaba con un poco de calma reflexiva, no debía tenerlas en cuenta forzosamente. Ejemplo de esto fue una gestión que tenía que hacer desde hacía unos años y que siempre apuntaba en mis listas: registrarme como especialista en el área de Gas Natural. Cuando al fin la hice descubrí que había perdido mucho tiempo inútilmente porque realmente era una gestión muy sencilla. Si hubiese hecho una simple llamada telefónica habría podido comprobarlo. Pero hacerlo, o averiguar el número al que tenía que llamar, era como escalar el Everest con las manos desnudas. En otras palabras, había perdido la flexibilidad y la coordinación para conmigo mismo y la realidad.

Pensaba de esta forma: «Si está en la lista, por algo debe ser; entonces, no me queda otra opción que cumplir con ello». Cada anotación de una tarea era una exigencia, y no cumplirla me generaba mucha ansiedad y tensión. Todo esto resultaba incoherente, porque no era real. Además valoraba por igual a todas las preocupaciones de la lista, todas eran igualmente importantes. Así lo sentía. Era lo mismo comprar una funda para el móvil que ir al médico de cabecera, todo era igual de importante. Esto me ocasionaba mucho dolor, mucha irritación, ansiedad y desconfianza en mí mismo.

Coexistir con las listas, en la forma en que lo estaba haciendo, era como seguir un libro de dogmas. Cada día me iba diciendo, y ordenando, qué tenía que hacer. Eso no es libertad, sino dogmatismo enfermo, muy peligroso para mi salud, con las consecuencias que cuento más adelante.

Las postergaciones

Como he contado, las listas organizaban mi vida, y a partir de ellas establecía la planificación diaria, semanal, mensual y anual. Pero no podía cumplir con lo planificado. Siempre había tareas, gestiones o simples deseos (todo formaba parte de la lista) que no lograba llevar a cabo. Si estamos sanos una postergación no significará más que un inconveniente pasajero y aunque nos genere mucha incomodidad será algo que sabremos sobrellevar. En definitiva, será algo molesto, pero superable. Con la enfermedad, una postergación implica un enorme gasto de energía inversa (contra uno mismo) porque de alguna forma se la quiere justificar, y justificarse, por encima de lo normal. Quieres que pasen dos cosas: por un lado, obtener el perdón por haber incumplido y no sufrir el castigo que te mereces; y por otro lado, saber, a toda costa, por qué lo has hecho, algo que, evidentemente, puede tener una explicación, pero que en caso de no tenerla agranda tu incertidumbre. Sentía que una postergación era un error tremendo, que no merecía compasión ninguna. Asumía estar equivocado y tener que enmendar, reparar o solucionar de alguna forma la situación por haberla postergado. Ahora bien, si esto me producía un malestar muy grande e inmanejable, existía algo peor, algo que llamé «la venganza de las postergaciones». Este síntoma se manifestaba días después del mal momento originario. Sin razón o motivo aparente, sentía una culpa muy fuerte que me recordaba que había dejado de hacer tal o cual cosa. Se me enquistaba y me argumentaba que era alguien de poca responsabilidad y en quien no se puede confiar nada importante. Hoy mismo lo cuento y, si no es porque lo tengo en mis notas, no puedo creer que sintiera o pensara algo así. Surgía de improviso.

Recuerdo el ejemplo de una gestión que tenía que realizar sobre mi permiso de conducir. Tenía que hacer los trámites de renovación de mi carnet y no encontraba hueco en mis horarios. Objetivamente, no era algo grave. Pero la venganza de esa postergación me generaba la idea de que en cualquier momento me iba a pasar algo grave. Porque debido a mi trabajo tengo que conducir muchas horas diariamente. Me generaba la idea de que tenía que hacerme cargo de ese fallo (teórico fallo, porque todavía quedaba tiempo para hacer el trámite), conseguir realizar esa gestión, como fuera, dado que la «venganza» a cada minuto me lo recordaba. Esto era imposible concretarlo y me hacía sufrir muchísimo.

En todo caso, a diferencia del machaque, que me costó más descubrir por tener más que ver con mi forma de ser, la postergación y, en especial, la venganza, me resultaban muy extrañas. Dicho popularmente: me chirriaban. Sentir culpa por algo que no hice. Agregarle una venganza. Y todo esto, sin aviso ninguno, sí que me sonaba extraño. Aun así llegar a darme cuenta me costó mucho.

La ira descontrolada, el enfado por todo

¿POR QUÉ ESTOY VIVO?

¡QUÉ CABREO TENGO! ¡TODO ESTÁ MAL, CARAJO!

DURMIENDO — CON IRA — CON IRA Y BRONCA

Durante esos años debo de haberme enfadado y ofuscado más veces, en proporción, que en toda mi vida. Mi bronca era cotidiana. El episodio con los abuelos no acabó con la ira, solo me demostró que ocurría algo fuera de lo normal. Aunque siempre fui alguien que, por preocuparme por las cosas, puedo enfadarme con relativa facilidad, nunca hasta el extremo de que eso fuera algo cotidiano, mucho menos de que sucediera por absolutamente todo, por nimias o insignificantes que fueran la preocupación o la situación. El enojo, la bronca, la ira, en definitiva, eran conmigo mismo y de alguna forma inconsciente los exteriorizaba con los demás. Buscaba «equilibrar» o quitar de mis adentros esa mala sensación que no lograba comprender ni dominar. Claro está que no lo lograba. Solo conseguía dolor y autoflagelación, y los resultados se me metían en el cuerpo, en mi cuello y en mi espalda. Con mis hijos discutía por todo, no podía dialogar con ellos, solo discutir. Una forma de comunicación, obviamente, nada saludable. Mi hijo menor me hizo ver esto en algún momento y me dijo que no había forma de acercarse a mí. Sentía un estado de enervamiento permanente. A veces, también sentía que las personas de mi entorno estaban en mi contra todo el tiempo.

En mi trabajo tuve suerte, porque de algún modo el trabajo me «blindaba». En realidad estaba pensando todo el tiempo en mis preocupaciones que estaban lejos del ámbito laboral. Aun así, recuerdo discusiones fuera de lugar en la calle por cuestiones del tráfico, intercambios incómodos con algún compañero de la empresa, injustas discusiones porque nunca existió ningún problema serio que destacar. Donde más se notaba mi enfado cotidiano era en la ONG. Allí sí que tenía grandes y acalorados encontronazos con algún que otro miembro de la organización. Como tenía un cargo de responsabilidad y la cantidad de tareas que debía realizar siempre eran muchas, todo me generaba una enorme bronca continua. Además, a todo le imprimía un nivel de exigencia extrema que hacía que mucha gente no lograse cumplir con lo que fuera que se había planeado hacer. En consecuencia, casi a diario tenía «agarradas monumentales» con muchos de los colaboradores de la institución. Me había convertido en alguien insufrible, con quien no había forma razonable de tratar. Cualquier pequeña cosa encendía la mecha del enojo, y trabajar en algún proyecto difícil complicaba aún más la cuestión.

Recuerdo un caso muy importante que veníamos preparando todo el equipo de la asociación desde bastante tiempo atrás. Por exigencias de último momento, tuvimos que acelerar el trabajo para terminarlo en un par de días. Había que presentarlo en el Congreso en una fecha mucho más próxima de la prevista y creíamos que no llegábamos. No miento al decir que estuve muy cerca de sufrir un infarto o algo parecido por el nivel de estrés y de autoexigencia que soportaba, y que me llevaba muy mal con el equipo, al enfadarme con todos de muy mala manera en repetidas ocasiones. Es así que el último día terminamos, con la secretaria de la ONG, ultimando detalles de cómo hacer la entrega de ese trabajo, muy entrada la madrugada. Nunca olvidaré que, a causa de unos detalles insignificantes, no lograba ponerme de acuerdo con ella. Hablo de alguien con quien trabajábamos casi a diario. El motivo principal era mi propia ira, que no me dejaba ver con claridad y enturbiaba mi pensamiento. Muchos miembros de la asociación conocieron, *a posteriori*, que sufrí una depresión. Han podido comprenderme, pero aun así les pido disculpas de corazón por mi proceder de entonces.

La cualidad propia de la ira es la capacidad de lograr perder de vista las cosas, y que el razonamiento encadene pensamientos a cada cual más negativo. Después de horas o días descubría que pensaba muy distinto sobre el asunto que me había generado la ofuscación. Esto confirmaba que el estado de alteración permanente era lo que me hacía pensar de forma equivocada. Por si no resulta evidente, tengo que decir que no fue un síntoma que haya aceptado con facilidad. En efecto, no es fácil admitir que uno es, por decirlo de algún modo, un «broncas», alguien que primero discute y luego habla. Así actuaba en esa época. Por eso incorporarlo a la lista de mis síntomas depresivos fue realmente difícil.

La autocrítica «maligna»: no escuchar opiniones

Este síntoma se manifestaba en dos facetas distintas, pero relacionadas entre sí. Por un lado, vivía con la sensación cotidiana de que no merecía una opinión favorable, de que todo lo hacía mal o de forma incorrecta; por tanto, era lógico que me sintiera así, me lo había ganado. Cuando me sentía cansado (que era casi todo el tiempo) no podía quejarme. No podía hacerlo porque afloraba de inmediato una autocrítica maligna, descalificadora, que despreciaba el cansancio. Este autorreproche me generaba el sentimiento de que nunca cumplía con nada, de que no lograba lo que me había propuesto y de que, en consecuencia, tampoco era lógico obtener alguna satisfacción. Repito: no me la merecía. Asimismo si alguien de mi familia, mis amigos, mis compañeros de trabajo o de la ONG deslizaban alguna opinión sobre algún aspecto de mi trabajo, o sobre algo referido a mi personalidad, o sobre cualquier otra cosa que tuviera que ver conmigo, inmediatamente la rechazaba. No importaba la calidad de lo que me dijeran. La idea era que nadie se «entrometiera», así de simple.

O sea que, por un lado, me autocriticaba malsana e injustamente, y por otro, no permitía que opinaran de mí, ni siquiera mis seres queridos. Una coraza de doble efecto, pero con veneno en los dos lados. Además de ser una situación muy incómoda, me hacía sentir estúpido, ciertamente. Por ejemplo, me castigaba por no inscribirme en el gimnasio, pero luego, si alguien de mi familia me preguntaba por qué no lo hacía, lo mandaba a paseo, lo cual es realmente incoherente. Sentirse estúpido e incoherente es muy feo y también peligroso, aunque ahora mismo me brote una sonrisa pensando en esas épocas. Este pensamiento-sentimiento negativo es totalmente autodestructivo y por eso es crucial detectarlo. Si bien no encontraba un porqué, o una causa y efecto, intuía que algo raro había cuando me pasaban estas cosas. Era lo que me alentaba a analizarme y buscar qué ocasionaba esta forma de actuar. Luego, ya con la terapia, lo pude descubrir.

El debo

Como manifestación de la depresión, el «debo» alteró totalmente mi sentido del honor y de la responsabilidad. Para un hacedor, como es mi caso, asumir con seriedad y compromiso aquello que toca hacer y luego concretarlo es un orgullo. Llevo esta condición con altura y dignidad, me gusta ser así, no me es indiferente. Por eso, concluir una tarea, sea esta la que sea, determina que logré llegar al final de un camino. Esto me satisface y me reconforta. Es una condición normal en las personas. El problema surge cuando el debo crece y crece y se hace inmenso, como me pasó a mí. Sentía un debo algo a todo y a todos. Me sucedía prácticamente con cada cuestión o compromiso, por mínimo que fuese, o con cualquier persona con la que trataba. Era tal la situación que llegué a sentirme culpable por cuestiones en las que no tenía ninguna responsabilidad directa ni indirecta. Como si tuviera una obligación «virtual» con el mundo exterior. Si en esa época me preguntaban de quién era la culpa de que no hubiera paz en el mundo o por qué tantas personas pasaban hambre, podía llegar a decir que yo era el responsable de esas situaciones, por culpa del debo.

Un ejemplo del debo desubicado y desproporcionado fue pedir licencia en la ONG para poder tratarme de la depresión. Me ocasionó una gran cantidad de sentimientos negativos. Objetivamente, por el nivel de compromiso que tenía con la Asociación, y con la consecución de sus objetivos, este era un debo inmenso. Preparé una nota explicando la situación en la que me encontraba, y el diagnóstico que me habían realizado. Tras enviarla apunté los pensamientos y sentimientos que me generaba esta acción para después tratar el asunto con la terapeuta. Describí lo siguiente: «Me siento decepcionado, frustrado, con miedo, enojo, cansancio, responsabilidad por abandonar, ansiedad y mezquindad». Como único sentimiento positivo anoté: «Satisfacción por haber tenido el valor de hacerlo», aunque luego puse al lado, entre paréntesis: «(estabas obligado, así que muy satisfecho no debieras mostrarte)». Se puede apreciar que el debo no me permitía ver lo obvio, esto es, que estaba enfermo y, por lo tanto, mi tratamiento debía ser la primera cuestión y mi primer compromiso en ese momento de mi vida. Un debo así hace que perdamos de vista nuestra propia salud.

Una forma de manifestarse que tenía era con el «tengo que», tan común, y que usaba como muletilla permanentemente. En momentos depresivos muy fuertes me hacía decir «tengo que» a cada minuto. Repetía incesantemente «tengo que» tal o cual cosa, «tengo que» cual otra, y me repetía, al momento, «tengo que» otra cuestión. Era así todo el tiempo. Recuerdo que cuando comencé a darme cuenta de la influencia de esa coletilla no lograba dominar el impulso de repetirla. Está muy bien saber o reconocer que tenemos cosas que hacer. Pero cuando nos encontramos bajo el influjo del «debo-tengo que» no es una observación la que nos hacemos, sino una orden fulminante, eléctrica, dolorosa y agobiante la que nos imponemos. Nos estamos diciendo que no somos responsables y por eso nos lo repetimos una y otra vez. No es normal que nos tratemos así a nosotros mismos.

La soledad

Podemos decir que la soledad es un estado natural del ser humano; algo discutible, por supuesto. Pero como idea me ayuda para explicar que estamos solos en el sentido de que *nadie puede vivir nuestra propia vida*. Nadie puede «estar y vivir» dentro de otra persona, solo puede hacerlo uno mismo, verdad de Perogrullo. Se puede pensar que la soledad es positiva para muchas cosas, pero que también es perniciosa para otras. En este asunto, el equilibrio es lo que se impone como la mejor opción en nuestras vidas. Lo que me ocurría en ese tiempo era algo que estaba completamente alejado de mi forma natural de ser: *quería estar solo todo el tiempo*. Me molestaba incluso mi propia familia, quería aislarme. Me dolía tener que pasar una cena o una comida con ellos. No soportaba tener que llamar por teléfono a mi madre o a mi hijo mayor, que vive lejos. Había una mezcla de sentimientos en esta actitud. La vergüenza, el desapego, el pavor e incluso la ira se encontraban dentro de esta sensación.

No me explicaba esa ira bajo ningún concepto, pero la sentía. Pensaba así: «¡Dejadme en paz de una vez!». Vete a saber por qué. Veía a las personas con las que tenía que relacionarme en el trabajo o fuera de él y en la ONG, como un obstáculo y un problema que tenía que sortear; esto incluía también a mi psicóloga. Tenía que hacer verdaderos esfuerzos para evitar situaciones desagradables, pero además no podía estar cómodo en lugares públicos. Tenía «miedo escénico», pero no como el que vive un actor o alguien que tiene que presentarse ante el público, sino miedo a cualquier tipo de contacto. Por eso rehuía entrar en una cafetería, en un restaurante o en otros lugares parecidos, lo cual me suponía muchos inconvenientes. Este es un síntoma muy marcado de depresión y que en alguien como yo era totalmente extraño, estaba completamente fuera de lugar.

En el trabajo me «encapsulaba». Me generaba la imagen de entrar en una burbuja para no sentir nada durante todo el día. Pero fuera de él no me sentía cómodo con nada que supusiera tener que ver personas. Por eso comencé a mentir a la gente, para no tener que verla. Cualquier excusa era buena para no tener que pasar un mal momento. Esto es muy doloroso porque no se puede vivir aislado por más huraño que uno sea. Siempre habrá alguien a quien uno quiera y a quien desee ver. Un síntoma como este hará que rehuyamos a quienes apreciamos. Hasta que descubramos que esa actitud es la expresión de un síntoma depresivo no habrá forma de esquivarla y nos dolerá.

Sensación de peligro económico

Sentía que iba a producirse algún desastre en mis cuentas, o en el plano laboral, y que por eso entraba en un periodo de inestabilidad económica. No era ninguna certeza ni era algo comprobado, solo era una sensación. Si bien a lo largo de mi historia personal hubo muchos momentos en los que realmente pasé apuros económicos, eso no ocurrió durante el tiempo en que estuve enfermo de depresión. Este síntoma me imponía un pensamiento negativo que me hacía sentir abandonado, en inminente quiebra con mis cuentas. Era una sensación muy desagradable. Me obligaba a comprobar continuamente todos mis movimientos, gastos, créditos, cobros, etcétera. Es normal verificar el estado de las cuentas, pero cuando eso pasa a ser algo obsesivo (diario o a cada momento) es un problema serio. Al mismo tiempo, no podía planificar nada a corto o medio plazo, mucho menos a largo plazo, ni pensarlo... Todo me parecía pantanoso. Cada pago que hacía, de cualquier cosa, significaba que iba a quedarme sin dinero.

Imagine pagar un café en algún sitio y luego sentirse dolido de haberlo hecho, y dudar de lo correcto o incorrecto del gasto. Aunque parezca broma esto era lo que me ocurría. Y se complicaba aún más porque influía en todas las actividades en las que el dinero tenía algo que ver, en lo que cobraba o en lo que pagaba. Dudaba de todo, todo el tiempo. No utilizaba un sentido de prevención razonable sobre el uso de mi dinero. Pensaba que algo no iba bien y por eso me mantenía en guardia en todo momento. Actuar así me agotaba. Lo peor era que no veía por dónde salir, sentía que iba a fracasar con mis cuentas y que nunca lograría una tranquilidad económica. Esta visión equivocada y distorsionada de la realidad pude cambiarla después de comenzar seriamente a curarme. Todavía hoy me estremezco al pensar que vivía con la idea de que en cualquier momento me sucedería algo terrible, económicamente hablando.

Indecisiones permanentes

(ALGUIEN QUE VA Y VIENE CON DUDAS PERMANENTES).

La decisión es un acto consciente, que a veces se apoya en la intuición y otras veces en la razón, o puede ser un simple acto mecánico. Casi siempre incluye estas opciones. También podemos decir que se basa en lo que queremos, o en su defecto en lo que podemos y estamos obligados a hacer, pensar, sentir, etcétera. En cualquier caso la decisión es algo íntimo, completamente nuestro, incluso si decidimos algo en contra de nuestros propios intereses. A veces, en la vida, tomamos este tipo de determinaciones, pero lo hacemos con el apoyo inestimable y único de nuestra propia voluntad.

Sin embargo, con depresión, decidir y, por tanto, nuestra íntima voluntad, supone un problema; la enfermedad condiciona constantemente nuestras decisiones. En mi caso lo que me sucedía era que *no tenía decisión, lo cual es en sí mismo otra forma de decidir.* En cierto modo, vivía al amparo y al influjo de las circunstancias, porque no podía tomar ninguna determinación, ni la más mínima. Ni siquiera en cuestiones cotidianas y simples. Comerme una manzana, una naranja o preparar un zumo suponía un problema y las «grandes decisiones» como ir al gimnasio o llamar por teléfono a alguien eran un escollo imposible de salvar. Esto ralentizaba de tal forma mi vida que me generaba un montón de situaciones desagradables con mi familia, en el trabajo y la vida en general. Parecía que vivía sin un sentido (vista, olfato...) porque no sabía qué hacer ni hacia dónde ir. Esta circunstancia la soporté muchas veces durante la enfermedad. Por eso me pareció significativo señalarlo, porque es un aspecto crucial de nuestra existencia y determinante para mantenernos vivos.

Antes del tratamiento por depresión que seguí, para poder aguantar este malestar, tan difícil de sobrellevar, lo que hacía era obligarme, de una manera malsana y dolorosa, a hacer lo que tenía o debía hacer. En todos los casos me sentía un inútil, alguien vacío de contenido. Esta situación se alargaba demasiado en el tiempo, duraba horas, a veces días e incluso semanas. Creo que si se hubiese extendido mucho más habría estado a las puertas de la internación psiquiátrica o algo peor. La falta de decisión se había instalado en mi vida de una forma muy dañina. Me encontraba empantanado. Hoy creo que este fue el motivo principal por el cual, y no siendo del todo consciente todavía, pedí ayuda médica. El incidente con los abuelos no fue más que una muestra de mi situación. En el fondo se encontraba la falta total de libertad en cuanto a poder cumplir con mi voluntad. La depresión tenía secuestrada mi decisión.

El formato problema, la amargura constante, las pistas

Durante la terapia etiqueté un tipo de pensamiento automático al que llamé «formato problema». Consistía en que todo aquello en lo que tenía que ocuparme suponía para mí una dificultad o un disgusto. Hago una diferencia con los otros síntomas porque no necesitaba, para sufrirlo, reflexionar o pensar, sino que aparecía de forma súbita, automática (en el capítulo 8 me referiré en detalle a esto). Lo que el formato problema lograba era que todo pasara a ser considerado difícil o complicado; por tanto, tenía que poner un empeño especial. Por algo tenía esa sensación, justificada en que todo, absolutamente todo mi nivel de preocupación debía ser equiparable a esto. Así, vivía preocupado porque este pensamiento, al ser automático, se producía constantemente. A cada paso que daba nacía una nueva preocupación. Cotidianamente, vivía como si fuese un controlador aéreo: tenía muchas «pistas de aterrizaje» de las que ocuparme. Pero esas ocupaciones eran todas problemas, todas tenían formato problema. No importaba que esas obligaciones o tareas fueran simples o complejas. Lo que no me podía permitir era dejar de tenerlas presentes todo el tiempo, revisar, continuamente, de qué forma las iba llevando en mi vida. No importaba si para esa gestión o ese trámite o lo que fuera faltaran meses: tenía que hacer o pensar en ello. La sensación era de preocupación constante. Me sentía en el centro de un círculo y rodeado de infinitos problemas a los cuales no podía fallar. Infinitos, porque cada día se sumaba alguna nueva pista. «No poder fallar, no fallar», me repetía. Era inhumano y resultaba imposible que tarde o temprano no sufriera un colapso.

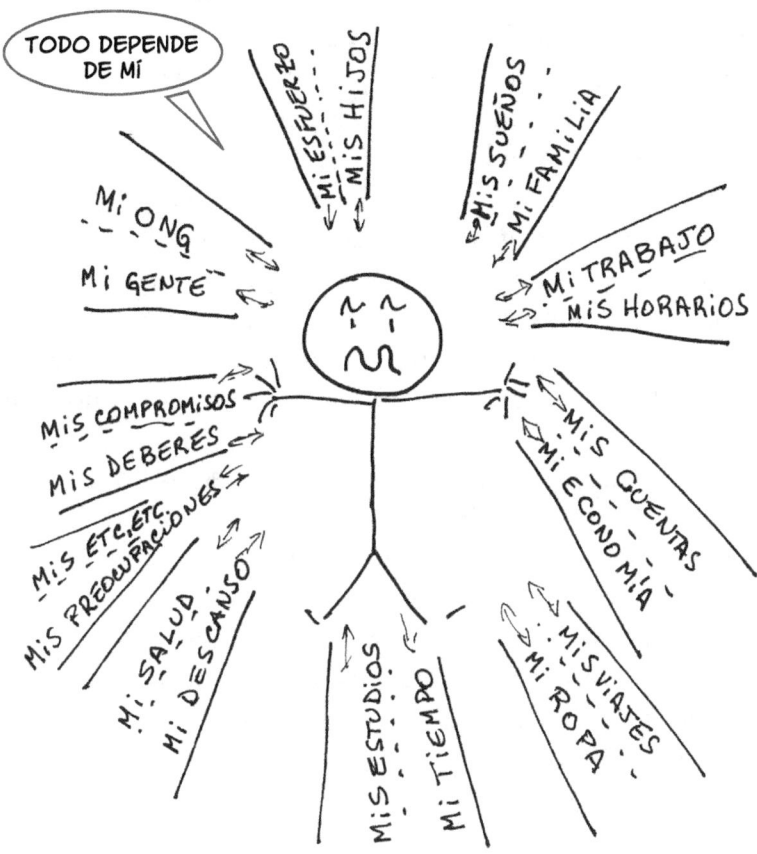

Pero a esta situación se le sumaba la amargura que me producía; era una amargura automática, porque apenas surgía el pensamiento formato problema sobre las pistas me atormentaba. Me incomodaba, me sentía inútil, y el bucle de sufrir se repetía. Al mismo tiempo si a tal o cual formato problema no podía darle suficiente tiempo de reflexión o de ocupación las malas sensaciones y los malos pensamientos empeoraban más. Recuerdo que las pistas eran todo, literalmente todo, desde que me levantaba hasta que me dormía. Cada «cosa» estaba en las pistas como un problema: comer, ir a algún sitio, llamar por teléfono, comprar, sacar dinero del cajero, leer algo necesario para el trabajo, poner gasolina…, todo me venía a la mente de forma automática como un problema.

La terapeuta llamó mi atención sobre esto en algún momento, lo que me permitió ir tratándolo, poco a poco. Para concluir este ítem, quiero decir que espero ser comprendido. Si todos tenemos un futuro sabiendo que es inexorable podemos asumirlo con tranquilidad. Pero cuando creemos que inevitablemente traerá problemas, como un mandato o un maléfico designio, sí que estamos mal. En mis apuntes anoté lo siguiente: «Mi mente busca problemas, todo es un problema, mi mente "buscador de problemas"». Por esto vivía amargado, resentido, viendo siempre todo negro. Los problemas (situaciones) que tiene la vida lo son, en cierto sentido, por la interpretación que hagamos de ellos.

Si nuestra forma de ver las cosas es con formato problema sufriremos, y seguiremos sufriendo mientras no cambiemos esa forma de mirar.

Temor al olvido, la desconfianza, el miedo en sí

Recuerdo que el siguiente síntoma lo detecté cuando comencé con la relajación. Después de los minutos iniciales, y una vez que lograba calmar mi cuerpo, me aparecía el miedo al descuido. Percibía que, con seguridad (esto es lo asombroso), había cosas que tenía que hacer y estaba olvidando hacerlas, sin darme cuenta. Esta situación reforzaba la desconfianza en mí mismo, como también en mi entorno. Preguntaba y repreguntaba sobre las mismas cuestiones a todo aquel que se encontrase cerca, presuponiendo que se había producido alguna omisión o negligencia. Como este malestar lo notaba en los momentos en que estaba en cierto modo tranquilo (aunque con depresión eso no es posible del todo), me confundía. La relajación, o salir a caminar o cualquier actividad placentera, resultaba «torpedeada» por este síntoma, porque me imponía la sensación de desconfianza y de miedo. Podemos desconfiar de los demás, y de nosotros mismos, dependiendo de muchas circunstancias, pero lo que me ocurría era que desconfiaba de todo y de todos. Y cuando lograba momentos de cierta paz, este sentimiento negativo llegaba para intranquilizarme. Por eso surgían mis confusiones. Era muy doloroso desconfiar de mi familia, de mis amigos más queridos, de mi entorno…, no era normal en mí. Por eso vivía envuelto en un manto de sufrimiento.

Sensación de túnel, la desesperación

EN UN TÚNEL CADA VEZ MÁS ESTRECHO.

La desesperación como tal era otro padecimiento que mantenía cada día. Lo llamé «sensación de túnel». Así lo apunté en mis cuadernos antes de la baja médica. Me duró varios meses más a partir de ese momento. Creo que la circunstancia de pedir la licencia a la ONG y luego la baja laboral agravó esta situación. Claramente, eran dos factores que me generaban angustia y desesperación. Lo remarco, aparte del resto de malestares, porque, aunque en el momento de sufrirlo no estuviera tratando ninguno de estos asuntos, esta sensación me los recordaba con una fuerza inusitada. En ocasiones, sin causa aparente, sentía pánico, me daban escalofríos, y sentía, además, que entraba dentro de un túnel, como si fuera conduciendo por una carretera estrecha y una vez dentro del túnel nunca llegara a ver el final. Las paredes del túnel me aplastaban y me ahogaba. Era horrible.

Me esforzaba en dilucidar diciéndome que era una sensación falsa y que no merecía la pena que me ocupara de ella. Pero era muy difícil conseguirlo. Dudé en incluirlo en el apartado de síntomas depresivos porque también lo sentía en el cuerpo. La desesperación se parece mucho a la sensación de desfiladero, de acantilado. Lo que sentimos al borde de lugares como estos, el miedo a caernos. Resulta muy angustioso —repito—, muy angustioso, y difícil de descifrar en nuestro interior. Creo, sinceramente, que si no se consigue algún tipo de solución médica o terapéutica a algo así uno puede enloquecer. La desesperación, la angustia y la desesperanza me mantuvieron atenazado durante la enfermedad; fue todo un logro quitármelas de encima. Como se puede observar, insisto en resaltar estos indicios porque creo que es imprescindible reconocerlos para poder hacer frente a la enfermedad.

La pérdida del humor; estar mal con mi familia

FAMILIA Y AMIGOS RIENDO Y DIVIRTIÉNDOSE,
MIENTRAS EL ENFERMO DE DEPRESIÓN ESTÁ ENFADADO Y MALHUMORADO.

Algo muy doloroso que padecí durante la enfermedad fue alejarme de mi familia. Convivir con alguien que sufre esta enfermedad es muy complicado. Al carácter y la personalidad extraños del ser querido afectado se añade el no saber cómo tratarlo. La situación es peor mientras el depresivo aún no está diagnosticado. Debe de haber miles de familias, con uno o varios miembros, soportando algo similar a lo que me refiero. Por tanto, mientras no se asume el problema, con todo lo complejo que es, se vive inmerso en una cotidiana intranquilidad y tormento grupal. Y ello con las probables peleas, encontronazos sin motivo y todos los problemas de incomprensión que se generan. Porque el familiar que no está enfermo, sufre y no comprende cómo desenvolverse ante una situación como esa. Al no tener una orientación sobre cómo debe relacionarse con el enfermo puede caer, también él, en las redes de la «maldita» depresión.

Los siguientes comentarios pertenecen a miembros de mi familia y hacen referencia a cómo me percibían durante la enfermedad:

- «Estabas imbancable, insoportable, no se podía hablar nada contigo».
- «Te veíamos encerrado dentro de actitudes y obligaciones autoimpuestas que iban en contra de tu personalidad, como si llevaras el traje de un robot que contradecía tu manera de ser. Ante algo gracioso te enojabas y no te permitías reír, vete a saber por qué extraño motivo».
- «Te centrabas en cosas que te hacían mal y te olvidabas de ti mismo. Te preocupabas por las personas de las que realmente era necesario que te ocuparas. A lo mejor creías que te ocupabas pero en realidad te preocupabas y solo te hacías "mala sangre"».
- «Te cabreabas y te enojabas por todo, y cuando decimos por todo es por todo, absolutamente por todo».
- «Antes veíamos una serie de humor y nos reíamos, ahora estar contigo es un calvario. ¿Qué te pasa?».

Como cuento en otro apartado, me molestaba mi propia gente. Pero, además, me sucedía algo muy raro: había perdido el humor. Esto era realmente extraño en mí y me confundía mucho. El humor es muestra de buena salud. En mi historia personal tuve muchos momentos felices y, obviamente, otros no tanto, pero el humor siempre estaba presente en mí, de manera cotidiana. Y no como soporte irónico ni respuesta hipócrita, sino como un recurso que me fue dando la vida para llevarla con alegría y con alguna sabiduría.

Por eso no disfrutar de nada fue muy chocante. La circunspección y la discreción las había desfigurado completamente, las exageraba al extremo. No era solo el hecho de sonreír o no por algo, sino de pensar y sentir todo con una carga de gravedad permanente y acrecentada, como vivir diariamente un funeral por la pérdida de un ser querido. Dolía estar así, me daba mucha rabia y vergüenza a la vez sentir esto. La orden-sensación que me decía a mí mismo era: «No puedes alegrarte, no tienes permiso para ello; aparte, todo es estúpido y absurdo». Justificaba no tener humor diciéndome (y diciendo a los demás): «Esas cosas que causan gracia son tonterías». Por eso auto-observarme, en algún momento, como un ser tan amargo, como un ogro irascible y despreciable, fue tremendo para mi autoestima. Una conclusión que saqué de esto es que, si revisamos cuál es nuestra relación con el humor, podemos apreciar hasta dónde estamos mentalmente sanos.

Capítulo 2

La depresión en mi cuerpo

Era evidente que la enfermedad también había atacado a mi cuerpo, de muchas y diversas formas. Podría comentar la lista enorme de argumentos que vinculan la depresión con las secuelas físicas que se padecen mientras la enfermedad está presente. Aunque considero que el lector tal vez lo dé por descontado, mencionaré algunas de las más marcadas.

Los dolores físicos apuntalaban a los otros síntomas, les daban cobertura y, en muchas ocasiones, se retroalimentaban. Me di cuenta de que podía detectar la enfermedad a través de los síntomas físicos.

En un examen médico, bastante anterior al diagnóstico de la depresión, me habían descubierto que tenía altos los niveles de colesterol y fundamentalmente descontrolada la presión arterial. En su momento esta información me turbó mucho, pues no comprendía los motivos para sufrir algo así. Sin embargo, causas había y muchas, como pude ver más adelante. Recuerdo que después de ese estudio me dije a mí mismo: «Toda mi vida fui alguien sano; esto debe de ser algo que con un poco de dieta y deporte me quitaré». El examen, era evidente, mostraba que podía llegar a sufrir algún accidente cerebral, cardiaco o de otro tipo si no corregía el rumbo.

Debilidad, insomnio y su rebote: dormir en exceso

La depresión me producía un insomnio extremo, llegué a estar sin dormir más de tres días. Inconcebible. Como ya expliqué, sufría de rumiación y esto hacía que hubiese periodos donde no había forma de dejar de preocuparme. La noche se transformaba en un obstáculo porque no hallaba forma de descansar. No me lo permitía y, por otro lado, en mi mente no dejaba de haber cuestiones de las que me tenía que ocupar. Estaba débil, me cansaba con mucha facilidad. El agotamiento estaba enquistado en mi cuerpo. No tenía respiro. Cada noche se transformaba en un desafío y en una tortura. No había forma de dormir. Y para complicar más las cosas, cuando el sueño me vencía, dormía muchas horas. Por esto vivía muchas situaciones enojosas y que me sacaban de quicio. La extenuación y el agotamiento continuos me hacían vivir siempre al límite.

Pero también me sucedió lo contrario. Inmediatamente después del diagnóstico, me daba por dormir horas y horas, tenía la sensación de que solo quería dormir. Creo que era una respuesta al insomnio previo. No entiendo qué me sucedió. No dormía para descansar, sino para escapar, vete a saber de qué. Y el cansancio, por supuesto, como es fácil imaginar, no desaparecía. Al contrario, vivía contracturado. Por todo lo dicho me encontraba sin saber qué hacer y decaía con facilidad. Hay una canción que dice: «De nada sirve escaparse de uno mismo». Tal cual, no podía escapar de mí mismo. Necesitaba de forma imperiosa que el tratamiento médico y psicológico me hiciera efecto.

Los dolores

Los dolores físicos eran una constante y los notaba en todo el cuerpo; además, había perdido la agilidad muscular. Ya fuera por mi trabajo o porque me gusta el deporte, llevo una vida, cotidianamente, activa y nada sedentaria. Por tanto, sentirme lento y molesto en mis movimientos me llamó la atención e hizo darme cuenta de que algo no iba bien. La espalda me dolía continuamente. También sufría dolores de cabeza muy molestos. No era el clásico dolor de cuando tenemos gripe o hemos leído mucho y tenemos la vista cansada, sino que sentía una presión en la nuca que hacía encorvarme al caminar. Esta era otra sensación que no desaparecía. Buscaba, afanosamente, quitarme esto automedicándome, pero, por supuesto, no lo conseguía.

En ese tiempo los analgésicos eran para mí más comunes que los chicles, dicho con obvia ironía. Creo que lejos de ayudarme a solucionar mi problema, el consumo de fármacos y otro tipo de medicamentos que me autoprescribí me aportó más dolor que otra cosa.

El apetito, los ardores estomacales y las indigestiones

YENDO EN COCHE, CON DOLOR DE BARRIGA.

BAJANDO DEL COCHE APURADO POR LLEGAR AL BAÑO.

El tiempo previo al diagnóstico mi alimentación se descontrolaba mucho. No me medía en ningún sentido. En mi vida antes de la depresión jamás me hubiese fijado en la calidad de lo que comía. No es que fuera un kamikaze, pero no relacionaba la salud con la alimentación. No me había percatado por qué era tan importante. La enfermedad aportaba ese descontrol también. Siempre tenía hambre de noche, me abarrotaba de comida, y esto me producía un continuo malestar nocturno. Brotaban en mí momentos de ansiedad, que resolvía comiendo de forma desaforada, sobre todo dulces o todo aquello que llamara la atención de mis sentidos. Repetidamente, padecía de ardores estomacales y continuas indigestiones. En cierta ocasión tomé conciencia, porque veía que había algo extraño en mi relación con la comida. Seguramente antes había sufrido algo parecido pero no me daba cuenta de ello, como con el resto de mi salud. Mi trabajo me obliga a muchas horas diarias de carretera y coche. Debido a estos malestares, viví situaciones en las que lo pasé muy mal. No estaba en condiciones de realizar recorridos de media distancia, como los que debía hacer cada dos o tres días, porque sufría problemas de este tipo de forma continua.

Pérdida de memoria y concentración

Había perdido el poder de concentración. Todos los malos pensamientos que he ido mencionando me dispersaban, hacían que no pudiera prestar una atención continuada, necesaria para desarrollar cualquier actividad. También me di cuenta de que tenía un cierto bloqueo en la memoria, porque me costaba recordar cuestiones simples que hubieran sucedido en un corto espacio de tiempo. Es horrible hacer el esfuerzo de querer acordarse de algo y no lograrlo. Si esto sucede algunas veces, no pasa nada, pero si se transforma en algo cotidiano y recurrente entonces sí hay un problema.

En otro sentido, y como describía al principio, me desconcentraba tanto que hacía cosas que luego no tenía claro por qué las estaba haciendo. Me obligaba a hacer el esfuerzo para verificar por qué estaba haciendo tal o cual cosa. En una oportunidad me «saltó la alarma» por algo que me dejó perplejo. Hay un producto típico de mi país de nacimiento que en esos tiempos solamente se encontraba en comercios especializados, a los cuales tenía que ir específicamente sin otro fin que conseguirlo. El caso es que hice el trayecto de ida pensando en la cantidad que compraría para no tener que volver durante una buena temporada. Llegué a la tienda, hice la compra y volví andando unas manzanas hasta la estación para regresar a mi domicilio. Tomé el tren que hace el recorrido contrario al que me había traído no hacía más de una hora. Y cuando me bajé en la estación de mi barrio me di cuenta de que había olvidado el artículo comprado en el asiento del tren. Insólito e incoherente, porque no se trataba de un descuido, como a veces nos puede suceder, sino que de algún modo lo olvidé en el corto viaje de vuelta que había hecho. Recordemos que era algo necesario para mí y para mi familia. Además, como sabía que no iba a poder ir a comprarlo durante muchos días, había traído una gran cantidad para tener reservas. Realmente, me sentí muy estúpido y creo que incluso me quedo corto con esta apreciación. Me decía: «La máquina me falla, algo se me rompió, tengo que buscar ayuda». Porque sentirse estúpido es muy fuerte, pero si a esto le agregas cometer errores como el mencionado, que íntimamente molestan tanto, el resultado es catastrófico. La persona que vive una depresión soporta este tipo de tensiones todo el tiempo. En este ejemplo, aunque ahora le haya quitado importancia, en su momento me perturbó mucho.

Capítulo 3

Combinación de síntomas

Cuando originalmente pensé en este capítulo, mi idea era juntar preguntas y algunos ejercicios que hice previos al diagnóstico.

Como en la segunda parte hay muchos ejemplos me pareció innecesario incluir más. No obstante, cuando categoricé los síntomas me iban quedando al margen unos «síntomas extraños» para los que no encontraba un lugar. Luego, pensándolo mejor, me dije: «Es que todos son extraños».

Entonces decidí trabajar en un capítulo en el cual explicara estas combinaciones de dolores y rarezas que soporté durante la enfermedad y que necesitaban un relato especial.

Estos se me presentaban de muchas y diversas formas, complicando demasiado mi existencia. Recién fueron desapareciendo al recuperarme.

Ejemplos frecuentes de tensión

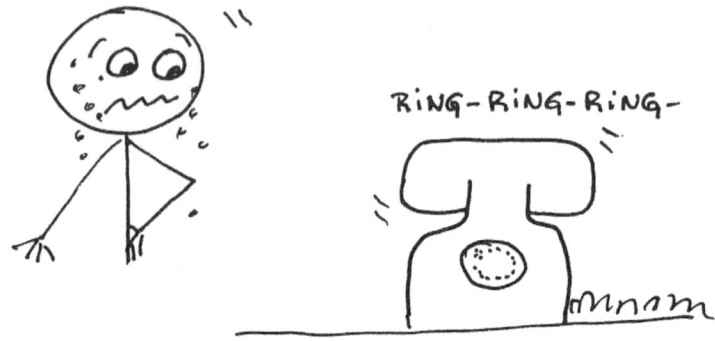

SUENA EL TELÉFONO Y ME ASUSTO.

Los siguientes, que apunté en mis notas, son activadores de preocupación. Aclaro que no eran los únicos:

- *Leer*: no lograba la mínima concentración para leer una sola página de algún texto que quisiera estudiar o simplemente disfrutar. Esto me frustraba y me ponía muy nervioso. Era insólito que me sucediera esto.
- *Hablar por teléfono*: cada vez que tenía que llamar a alguien imaginaba que escalaba una montaña. Era toda una proeza agarrar el teléfono y llamar, y aún era mucho peor si me llamaban a mí. Me decía: «¿Debo atender o no? ¿Y si lo hago y me meten en problemas?». Sentía pánico. Otro calvario.
- *Entrar en un ascensor me producía escalofríos y algunas veces ahogo*: sentía que iba a quedarme atrapado. En mi trabajo debía usarlo a diario, así que me incomodaba mucho. Nunca antes había sufrido algo parecido. Era otra molestia, muy llamativa, generada por la depresión o una consecuencia de ella.

- *Sentarme a ver televisión*: «Qué vago soy, cómo me voy a sentar a ver la tele, no hay tiempo, hay cosas que hacer». Otro pensamiento negativo, totalmente destructivo. Disfrutar algo de la vida no supone olvidar nuestras obligaciones. En su momento califiqué este pensamiento como decididamente estúpido.

El desgano con desengaño

Decidí, en el último momento, incluir este síntoma porque lo reconocí después de empezar a tomar la medicación. Lo llamé así porque sentía dos sentimientos negativos unidos a un mismo malestar. Cuando sentía, o peor aún, asumía, que perdía el tiempo pero a la vez no tenía ganas de hacer nada, surgía un pensamiento-orden que me decía: «No tienes que sentir falta de ganas». Entonces me autocriticaba: «Haz algo para este tedio que no soportas». El desgano era lógico, o en todo caso aceptable, porque tenía depresión. Pero igualmente buscaba alguna forma de quitármela. Entonces lo que hacía era buscar alguna tarea o gestión para hacer, con la idea, preconcebida, de equilibrar de algún modo esa mala sensación que llevaba a cuestas. Ahora bien, al concretar la acción, supuestamente reparadora, no me calmaba en absoluto. En cambio, lo que emergía era un puro y duro desengaño. Y lo seguía intentando, pero seguía fracasando. Era doloroso antes, durante y después.

Con relación a esto, recuerdo una ocasión en la que fui a buscar unos repuestos para mi teléfono móvil. Estaba en casa intentando ver la televisión. Digo bien, intentando, porque el desgano no me dejaba concentrarme, ni disfrutar de lo que veía. En esa situación, tomé la decisión de hacer algo y elegí, entonces, ir a buscar esos accesorios. Llegados a este punto, necesito llamar la atención sobre lo que supone para un depresivo producir cualquier tipo de cambio, y este lo era: levantarme del sofá, cambiarme de ropa y salir a la calle era toda una proeza para mí en ese tiempo. Pero lo hice. Cuando llegué al local donde iba a hacer la compra, en la puerta me vino a la mente el siguiente pensamiento: «Qué haces aquí?, ¿por qué has venido? Bueno, compro lo que necesito y me voy. ¡¡Apúrate, porque estás sin hacer nada!!». Injusticia total para conmigo. Pues después de comprar y salir de la tienda, la autocrítica era feroz; me sentía absolutamente desengañado. Qué más puedo decir… Empecé a superar el desgano con desengaño gracias a los ejercicios de la terapia. Me duró poco tiempo, pero me puso mal muchas veces.

Tiritar la mandíbula

No puedo estar seguro de que este síntoma sea producto de la depresión, pero sé que no lo he vuelto a sufrir después que me recuperé. Es posible que padeciera esta situación a causa de algún trastorno digestivo (parásitos o exceso de azúcar) o como consecuencia de la alteración del sueño. Por supuesto, no lo puedo asegurar. Ahora sí, lo que quiero contar es que, de manera imprevista y sin control, me empezaba a tiritar la mandíbula de forma frenética. Esto me sucedía en los momentos más extraños y en las situaciones más diversas. No era como la sensación de tiritar de frío que todos podemos sentir alguna vez, sino el de hacerlo sin que exista una causa aparente y sin poder frenarlo. Al acostarme era una constante y, obviamente, al intentar relajarme. Digo obviamente al suponer que esto se debería notar justo en el momento en que uno pretende relajarse y descansar. Pero lo extraño era tiritar en otros momentos. Podía ser mientras iba caminando a realizar las visitas de mi trabajo, al conducir el coche, ya fuera pocos kilómetros o al trasladarme de un pueblo a otro. Al comer, al ducharme o en cualquier otra situación. Era muy incómodo porque me generaba una sensación de impotencia muy grande.

Podemos sentirnos más o menos orgullosos de nuestro cuerpo o conformes con él. Y de que todos los movimientos físicos dependan de nosotros. Pero si, de repente, nos encontramos con la sorpresa de que parte de nuestro cuerpo se mueve de manera autónoma, sin que lo queramos, y además no conseguimos ponerle freno, nos sentiremos totalmente extrañados y aturdidos. Es algo muy desagradable.

Siendo adolescente sufrí la rubéola, una enfermedad que de niño no es muy grave pero que a cierta edad sí puede traer complicaciones. El caso es que, después de que me internaran y medicaran a través de suero, sucedió algo muy extraño, tanto para mí como para mi familia, y que desconcertó a los médicos. De forma súbita comencé a sufrir unas fuertes convulsiones y movimientos en mi cuerpo sin ningún control. Aunque no resultaban dolorosas eran muy incómodas y, además, duraron lo suficiente como para preocupar a los médicos. Según pudimos saber después, lo que sucedió fue que se había cometido un error en la medicación y eso produjo esta insólita reacción. Como tal quedó grabado en mis recuerdos. Por eso cuando comencé a tiritar sin control vino a mi mente la idea macabra de que estaba llegando a las puertas de la internación, de que algo no funcionaba conmigo y de que necesitaba ayuda urgente. No me daba cuenta de si la gente lo notaba, me daba miedo que sucediera esto, por eso malvivía diariamente. Asimismo reprimía el pensamiento de hacer algo, me daba mucha vergüenza, por eso no lo comenté hasta mucho tiempo después.

La nevera

IR Y VENIR, REPETIDAMENTE, A CERRAR LA PUERTA DE LA NEVERA.

Todos tenemos tics o acciones repetitivas que no sabemos muy bien por qué las hacemos. En este caso me refiero al acto de asegurarse de que una tarea esté acabada, de verificar, de no olvidarse. Cerrar una ventana, la puerta de un coche, el cierre de un pantalón, la tapa de un inodoro, apagar el ordenador, la cubierta de algo que abrimos anteriormente, o una caja de herramientas, etcétera.

El ejemplo que quiero mencionar es un ataque de repetición de estos tics. Me ocurría que al cerrar la nevera y salir de la cocina, después de dar unos pasos, me asaltaba la idea de que no había cerrado la puerta. Nacía la convicción de que lo había olvidado y, por tanto, los productos refrigerados se iban a pudrir. Hasta aquí puede sonar como algo normal y algo que todos vivimos a diario. Creemos que nos olvidamos de algo, y volvemos a repetir aquello que suponemos olvidado. Puede que esto nos suceda con cualquier otro ejemplo, como con la puerta del coche o los grifos que se cierran para que no pierdan agua. Pero en este caso que relato, la acción de volver y concretar el cerrado de la puerta de la nevera no se repetía una vez, como algo lógico y normal, sino que llegaba a repetirlo incontables veces. Cada vez tenía que asegurarme de que no lo había olvidado. Y así reiteraba la acción, que, por incoherente que pudiera parecer, volvía a realizarla.

Esto hacía que me maltratase continuamente, en especial, de noche, supongo porque era el momento que no me veía mi familia. Era realmente agotador. Al principio no lo registraba como un síntoma porque no me daba cuenta, pero cuando lo hice, descubrí que había una orden que me obligaba a insistir una y otra vez en la acción. Por supuesto que lo traté en la terapia y, después de hacer unos ejercicios que me recomendó la psicóloga, pude ir sobrellevándolo de forma paulatina, hasta que desapareció al final de la enfermedad.

La ducha: el asalto de los pensamientos negativos

CONTENTO, ANTES DE ENTRAR A DUCHARME.

CARGÁNDOME DE MALOS PENSAMIENTOS.

SALIENDO DE LA DUCHA MUY ENARDECIDO Y APESADUMBRADO.

Toda mi vida la ducha fue para mí, y todavía lo es, un placer. No hablo del baño en general que es más amplio en tiempo y en formas, sino del acto de recibir el agua a chorros sobre mi cuerpo, sobre mi cabeza y sobre mi espalda. Más allá de la limpieza necesaria que cada uno realiza a diario, este acto que a todos nos gusta (imagino que si no a todos, sí a la mayoría) podemos colocarlo en la lista de las situaciones cotidianas para disfrutar de la vida. Pero para mí, durante la depresión, ducharme se transformó en un acto cruel e insoportable que me tocó soportar cada día. *El dolor de espalda-ducha-asalto de pensamiento negativo fue el rey de los síntomas extraños que sufrí durante la enfermedad.*

Como he dicho, siempre había disfrutado duchándome y, por tanto, mi mente y mi cuerpo conservaban el «reflejo condicionado» de que iba a disfrutar haciéndolo. Debo agregar también que, en situaciones normales, actuaba (actualmente es así) como momento de reflexión o de alivio pensativo, en donde se me ocurren ideas o soluciones y respuestas a las cuestiones de mi vida. No lo busqué de manera consciente, así se fue dando a lo largo de los años. Como si fuera un *impasse* o un acto de relajación activa; pensamiento más fluido y sencillo. Tal vez a otras personas les suceda lo mismo, no lo sé. Pero parece que con depresión algo tan íntimo y grato como esto no podía ser posible y, por tanto, había que atacarlo.

Esa sensación agradable que sentía antes, durante, y especialmente después, solo duraba el tiempo en llegar a la ducha, desnudarme y sentir los primeros chorros de agua sobre mi espalda. A partir de ese momento comenzaba el martirio. Se iniciaba un proceso de autocrítica maligna y se agolpaban imágenes malsanas que, a su vez, desencadenaban multitud de malos pensamientos. Se me abarrotaba la mente de pensamientos negativos, a cada cual peor; sobre todo rumiaciones o los malditos «debo». Era como un abrazo perverso porque me hacía poner cada vez más nervioso. En algún momento, lo comprobé, con el medidor de tensión arterial portátil que había adquirido para controlármela. Entraba a la bañera con unos valores y salía con otros. La tensión disparada y descontrolada tan solo por ducharme. Increíble... Cuando después de dejar de sentir vergüenza —otro síntoma reseñable— lo comenté en terapia, fuimos viendo con la terapeuta las formas de combatirlo. No sé si sería correcto calificar dolores y pesares causados por la depresión. Pero este que menciono es uno de los más horribles que afronté y que cada día, inexorablemente, volvía a tener que vivir. Si no fuera porque, en el contexto de esta publicación, hay que colocarlo como uno más de los síntomas, le dedicaría un libro en sí mismo.

Capítulo 4

Perder el plan de vida (pensar en el suicidio)

La sensación de vida concluida se apoyaba en el pensamiento de que ya nada tenía sentido. Me había generado la idea de que no servía para nada ni para nadie y que, además, todo lo que hacía no lograba resultados. Como mi calidad de vida la justificaba y la apoyaba en «el hacer», la valoración de mí mismo se basaba en la cantidad de cosas que hacía. Por lo tanto, vivía en una *carrera eterna para obtener resultados*. Había perdido el norte y no encontraba cómo salir de esta situación. Cada intento nuevo de solucionar de alguna forma lo que estaba sufriendo era un fracaso. No podía ver la utilidad de las recomendaciones de mi terapeuta porque incluso desconfiaba de su eficacia. Y vivía de replanteo en replanteo, lo que a veces me ayudaba unas horas para luego volver a empezar.

Cuando uno está sano mental o psicológicamente vive con «normalidad» su existencia, con independencia de las condiciones externas, familiares, económicas o incluso políticas. Con esto quiero decir que uno elige los caminos que va a seguir, establece para sí mismo un *plan de vida*, sabe hacia dónde ir o qué hacer. Puede volver a su pasado y usarlo de apoyo, puede aceptar su presente o disfrutarlo más allá de tener deseos futuros. Todo esto se puede tener porque así es la vida, y más cuando uno elige cómo vivirla. El grave problema se produce cuando esto se pierde, y cuando por una enfermedad como esta de la que hablamos, uno no sabe hacia dónde va: cuando el solo hecho de existir se transforma en un calvario, *cuando vivir no es un regalo sino una condena*. Por esto, y por todo el cuadro relatado, alguna vez cruzó mi mente terminar con ese suplicio y arrancarme de cuajo todo ese dolor. Por eso llego a entender el suicidio como solución a este padecimiento, aunque no quiere decir que lo acepte. Sin embargo, es necesario comprender por qué llegamos a un momento tan dramático.

Me atrevo a decir, con la mesura y la prevención que corresponde, que existirá un suicidio «existencial» que, con el cuidado de la palabra elegida, se pueden vincular a aspectos como la trascendencia (no solo poética) que ha llevado a artistas, o a personas con una valoración de sí mismas muy particular, a suicidarse. Tal vez estas personas efectúen una acción tan definitiva por motivos propios a estas formas de ser. Pero *el suicidio producto de una depresión no tiene intención de trascendencia, sino de curar*, de quitarse de encima el sufrimiento infernal cotidiano. Borrar en un solo acto el pesar y la amargura, los sentimientos dolorosos e inexplicables como la ira, la vergüenza, el miedo, la desesperación, la soledad o la frustración, entre muchos otros.

Sé que estas líneas pueden generar reprobación o incomodidad; de hecho, yo ahora mismo me siento muy incómodo asumiendo este asunto, porque el suicidio es algo muy desgarrador e inexplicable, tanto para la persona que lo sufre como para quienes le quieren. Pero aun con esa sensación incorporada me veo en la obligación de plantear este tema, porque de no hacerlo estaría evitando algo muy importante y que merece que me involucre.

El suicidio reúne en un solo acto, en cierto sentido, todos los síntomas. Por eso es muy importante *detectar el proceso previo*, cómo se llega a una situación así. El suicidio puede parecerse mucho a una solución o a un descanso para aquel que lo sufre, porque ha perdido su plan de vida y porque su mente le está mandando la peor señal y el peor pensamiento negativo posible, que es: *el mundo estaría mejor sin mí*. Esta frase, tan corta y tan equivocada, ronda los pensamientos de todos los que tuvimos depresión alguna vez. Yo resistí ese pensamiento.

Pero de lo que se trata no es de resistirlo, sino de que no se genere nunca. Que lo haya pensado y haya tenido que resistirlo implica que mi mente lo generó. Esta enfermedad es así: hizo que actuara como un autómata de pensamientos, acciones y sentimientos que nunca hubiese imaginado antes ni, especialmente, después. En su momento tuve la intuición, la fuerza y también la suerte individual (o la suma de las casualidades necesarias) de no llegar a un extremo tan terrible. Cierto es también que mi familia y los profesionales de la salud que fui encontrando me orientaron de manera correcta. Pero incluso asistido y rodeado de seres queridos podemos llegar a un momento así, a pensar de ese modo, porque el suicidio es en sí mismo una decisión y una acción absolutamente solitaria. Por tanto, la pregunta que se impone en un momento como este es *si realmente esta decisión es propia de uno mismo o si está condicionada.*

Por eso, con permiso del lector, quiero dirigirme a aquella persona que hoy piensa en el suicidio:

—Si tu idea es quitarte la vida, estarás de acuerdo conmigo en que por algo lo haces, aunque no sepas explicarlo, aunque no reconozcas que estás deprimido. Porque te dices a ti mismo: «Eso no va conmigo». Hay una razón que te condiciona. No tienes a quién hablarle de esa sensación pero esas ganas las tienes, ese impulso en el que muchas veces te suena lógico y hasta relajante pensar. «Ahí está lo que busco», te dices a ti mismo. Por eso quiero pedirte que te preguntes: «Esa sensación y ese pensamiento ¿no serán producto de una mentira? No habrá algo que me hace pensar de este modo?».

»Hoy tu vida es una porquería, o así la sientes, quieres acabar con ella, y te parece que el mundo estaría mejor sin ti. O tu vida, por el contrario, va de maravillas pero tú no le encuentras sentido. O tal vez no puedes seguir viviendo sin tu ser querido que ha muerto. De acuerdo. Si fueras la peor persona de este mundo, o la más lograda, o la que más sufre *¿tendrías derecho, solo por haber nacido, a pensar, sentir o hacer algo que te haga bien en tu último día?* Puede que la respuesta sea: "No, no tengo derecho a nada, lo aceptaré". Pero si tienes dudas, entonces te pido que razones conmigo una cuestión. La acción de pensar no depende de otros sino que depende de cada uno. Es un derecho en el que nadie puede intervenir, es algo completamente tuyo y algo completamente mío. Quiere decir que tú por tu lado y yo por el mío elegimos decirnos: "Mi vida es una mierda, no le encuentro sentido, no puedo vivir sin mi ser querido". Me puedes decir que por el dolor, sea cual sea la causa, no puedes pensar de otra forma, que te sientes obligado a actuar así. Pues admito que el dolor puede hacernos considerar en *terminar con todo de una vez.* Pero es una elección de cada uno, nadie interviene, ni siquiera el dolor que puede condicionarnos, pero nunca obligar.

»Llegado este punto, puedes dejar de leer este libro: lo comprendería. Pero si decides seguir adelante, quiero pedirte que te hagas una nueva pregunta: "Cuáles son las cosas que más me gustan?". Hazte la pregunta varias veces y elige varias opciones. Escríbelas y déjalas a la vista para considerarlas. Luego piensa que para disfrutar de estas acciones no tiene que intervenir nadie; tiene que ser algo absolutamente tuyo y de nadie más. Convéncete a ti mismo de que las que eliges son las que más te gustan. Una vez hecho esto, te propongo que vivas un día más, solo un día —no pretendo influir en tu decisión, ni engañarte— y que durante tu último día hagas o sientas o sueñes aquello que has elegido. También vale soñar porque de lo que se trata es de disfrutar. Acuérdate de que eres tú el que decide, nadie puede influenciarte en ese sueño, gusto o quehacer; todo es válido. Ya sea masturbarte (acto íntimo por naturaleza) o gritar, cantar, correr, dormir o solo pensar en tus sueños incumplidos…, aquello que más te guste; decídelo y hazlo, y disfrútalo, disfrútalo al máximo.

»Después de ese día, cuando hayan pasado unos minutos de deleite y de gozo, seguirás pensando, posiblemente, en tu idea original. Pues me queda hacerte una última petición: piensa si todos los días y todos los momentos fuesen como los que has elegido y disfrutado. Piensa en ello, porque eliges hacerlo. Y luego, cada vez que te llegue la idea de acabar con tu vida, recuerda las sensaciones bonitas que has vivido producto de las acciones que habías elegido para ese día, completamente tuyo. Hazlo repetidamente, todas las veces que necesites, cada vez que vuelva ese pensamiento.

»Reconozco que lo que te estoy diciendo puede sonar muy simplón o hasta cursi. Aun así, permíteme, esta sola vez, demostrar que a un pensamiento, un sentimiento, una convicción, una estratagema o incluso a una DECISIÓN se pueden imponer otros. Siempre hay una variante, siempre. La mentira —insisto en que me permitas llamarla así— que tienes ahora en tu cabeza es que solo hay una opción. Pues bien, empieza a decirte a ti mismo que es un engaño, algo falso. Y cuando te fuerce a sentirte mal nuevamente repite el proceder que tú mismo te has creado. Aunque parezcas un autómata, hazlo. Lo peor que te puede pasar, incluso sintiéndote muy ridículo con lo que sea que hagas, será que sigas viviendo.

»Y, *por supuesto, busca ayuda, no lo dudes un segundo; busca ayuda, siempre hay alguien que puede ayudarte, siempre.* Si no hay gente a tu alrededor que te comprenda acude a los médicos de guardia de cualquier hospital y plantéales lo que te está sucediendo, porque —recuerda— no es normal. No eres tú mismo quien te hace pensar así. Apóyate en estas cosas para juntar fuerzas y busca un profesional que te ayude y te oriente. Tu vida es muy valiosa.

Entiendo el esfuerzo de los profesionales psicólogos, psiquiatras o médicos en general, como entiendo a los familiares que intentan mostrarse comprensivos ante una situación así. Pero lo verdaderamente importante que hay que comprender es que durante una depresión nuestras actitudes, acciones y sentimientos son muy similares a los de un hipotético robot humano. Cuando uno sufre de lo que estamos hablando tiene el pensamiento, la coordinación y la voluntad en manos de esa enfermedad y no puede desconectarlo como quisiera. En los momentos más difíciles, esos en donde pensé en la peor decisión, en qué hacer con mi vida, mi salida fue decirme a mí mismo, no una sino muchas veces: *siempre hay otra opción, siempre, incluso cuando no hay opción siempre hay otra opción, siempre hay otra opción.*

Criterios para el episodio depresivo mayor

A. Presencia de cinco (o más) de los siguientes síntomas durante un periodo de dos semanas, que representan un cambio respecto a la actividad previa; uno de los síntomas debe ser 1) estado de ánimo depresivo, o 2) pérdida de interés o de la capacidad para el placer.

Nota: No se incluyen los síntomas que son claramente debidos a enfermedad médica o las ideas delirantes o alucinaciones no congruentes con el estado de ánimo.

1. Estado de ánimo depresivo la mayor parte del día, casi cada día según lo indica el propio sujeto (p. ej., se siente triste o vacío) o la observación realizada por otros (p. ej., llanto). En los niños y adolescentes el estado de ánimo puede ser irritable.

2. Disminución acusada del interés o de la capacidad para el placer en todas o casi todas las actividades, la mayor parte del día, casi cada día (según refiere el propio sujeto u observan los demás).

3. Pérdida importante de peso sin hacer régimen o aumento de peso (p. ej., un cambio de más del 5 % del peso corporal en 1 mes), o pérdida o aumento del apetito casi cada día. Nota: En niños hay que valorar el fracaso en lograr los aumentos de peso esperables.

4. Insomnio o hipersomnia casi cada día.

5. Agitación o enlentecimiento psicomotores casi cada día (observable por los demás, no meras sensaciones de inquietud o de estar enlentecido).

6. Fatiga o pérdida de energía casi cada día.
7. Sentimientos de inutilidad o de culpa excesivos o inapropiados (que pueden ser delirantes) casi cada día (no los simples autorreproches o culpabilidad por el hecho de estar enfermo).
8. Disminución de la capacidad para pensar o concentrarse, o indecisión, casi cada día (ya sea una atribución subjetiva o una observación ajena).
9. Pensamientos recurrentes de muerte (no solo temor a la muerte), ideación suicida recurrente sin un plan específico o una tentativa de suicidio o un plan específico para suicidarse.

B. Los síntomas no cumplen los criterios para un episodio mixto.
C. Los síntomas provocan malestar clínicamente significativo o deterioro social, laboral o de otras áreas importantes de la actividad del individuo.
D. Los síntomas no son debidos a los efectos fisiológicos directos de una sustancia (p. ej., una droga, un medicamento) o una enfermedad médica (p. ej., hipotiroidismo).
E. Los síntomas no se explican mejor por la presencia de un duelo (p. ej., después de la pérdida de un ser querido), los síntomas persisten durante más de dos meses o se caracterizan por una acusada incapacidad funcional, preocupaciones mórbidas de inutilidad, ideación suicida, síntomas psicóticos o enlentecimiento psicomotor.

Fuente: http://www.psicomed.net/dsmiv/dsmiv6.html

Parte II

El tratamiento

Cuando decidí escribir sobre la experiencia de sufrir una enfermedad como la depresión, sobre cómo la afronté y lo que hice para recuperarme, no llegué a darme cuenta del todo de los obstáculos que me iba a encontrar. Organizar una explicación sobre un asunto tan sensible, para alguien inexperto en la tarea de escribir y en el conocimiento de la psicología, no resultó nada sencillo. Si se llega a apreciar la dificultad, de algún modo, hará que ayude a comprender los distintos aspectos de la enfermedad.

En esta segunda parte del libro describo en detalle el tratamiento que realicé. Mantuve dudas hasta el final de la importancia de hacer un relato cronológico, pero fui aceptando que no tenía tanto sentido, que lo fundamental era relatar los descubrimientos que hice para salir de la depresión; contar qué fue lo que me curó y cómo me alivió; aquello nuevo para mí y que eliminase las influencias de la enfermedad sobre mi persona.

Cada escritor de temas de psicología o de trastornos como la depresión tiene una forma de abordarlo, y es especial para cada autor. Esto lo pude apreciar en los libros que leí sobre el tema. También pude comprobar que hay distintas escuelas y conceptos para abordar, no solo la depresión, sino el tratamiento en general de la salud mental. Una primera conclusión que saqué, que por obvia no quiere decir que no sea rotunda y trascendente, es que: *toda cura y recuperación de una enfermedad como la depresión depende en primer lugar del paciente y de su convencimiento.* Incluso las que llevan la necesidad de medicación de apoyo, porque el paciente tiene que respetar las indicaciones de los médicos, y no siempre lo hace. Por esto me arriesgo a decir que cualquier tipo de orientación terapéutica es efectiva, siempre y cuando el que se quiere recuperar es quien sufre la dolencia. En la práctica, a veces esto no es así. Porque en muchas ocasiones se asume que el que tiene que «arreglar» el problema es el psicólogo, el psiquiatra, el médico o el terapeuta del que se trate. O sea, que le «entregamos» la solución a otra persona, aunque esta sea un excelente profesional. Aunque ampliaré este aspecto en otra parte del libro, quería dejar constancia aquí, porque sé lo importante que es para una curación efectiva.

Es cierto que existen casos de depresión causados por algún desequilibrio en nuestro cuerpo y que por eso se hace necesaria una ayuda específica para estas depresiones. Pero esto no invalida el argumento que voy a exponer. Cualquiera que quiera abordar el análisis sobre cómo tratar una depresión tiene que comprender que el principal competidor para una cura definitiva está dentro, justamente, del propio afectado, más allá de las causas externas. *La confianza para un depresivo es una quimera, y este es el principal obstáculo que ha de vencer.* Inmerso en la bruma, la confusión y, discúlpenme la palabra, «la retranca» que podemos sentir y pensar, para iniciar un camino hacia la recuperación es necesario un mínimo de decisión o de sentimiento de autoayuda. Necesitamos algo que nos haga luchar para salir del infierno. Podría ser esperanza, podría ser ganas, curiosidad, el amor por la familia o a un ser querido, podría ser por un sueño o por un proyecto. Sea cual sea la causa, o la palabra, tiene que haber un motivo que ayude y empuje a querer curarse. A veces puede bastar con las explicaciones de los médicos y especialistas a los que acudimos, pero no siempre es así, porque la desconfianza hace su trabajo. Y por qué no decirlo: también la ignorancia en estos asuntos que tenemos la mayoría de la población, que muchas veces asumimos el problema de la salud mental como algo que no tiene nada que ver con nosotros, o que solo lo achacamos al estrés, cuando es una cuestión mucho más profunda.

Entonces, como decía al principio, cómo organizar, desde mi experiencia un relato detallado, comprensible y fiel a lo sucedido durante el tratamiento, era el planteamiento que me hacía. Por otro lado, no podía quedarme solamente con los meses que duró la baja médica, sino que tenía que ampliarlo a toda la terapia y a la comprensión de la enfermedad que fui completando con posterioridad. También pensé en hacer una parte exclusiva de ejercicios y experiencias que, como tales, son muy esclarecedores sobre cómo tratar situaciones, pensamientos, sentimientos, etcétera. Pero no me conformaba, porque todo resultaba parcial y no me daba el sostén explicativo de la visión completa. Si tenemos en cuenta que tenía para apoyarme una cantidad importante de apuntes, muchos de ellos escritos con varias notas diarias, adonde mejor podía acudir era a esos cuadernos, releerlos, estudiarlos y visualizar qué aspecto era el novedoso para mí. Aquel que fuera el determinante en el proceso de la terapia y en mi propia curación, y que por tanto podía usar para contarlo a otras personas.

Esa novedad o ese aspecto revelador, por el cual comencé a sacarme de encima a la enfermedad, fue lo que en un momento se me ocurrió llamar la «trilogía», que explico en el capítulo 7. Al ser un descubrimiento para mí y, a la vez, darme una explicación con fundamento, me proporcionó todo el sostén que me hacía falta. A partir de este hallazgo pude pensar en el antes y el después de la estructura que iba a escribir, y cada pieza ocupó su lugar. Estructuro un capítulo, el 5 (La urgencia, las gestiones y los médicos) donde realizo un compendio de cuestiones relacionadas entre las gestiones con médicos, el trabajo y los primeros pasos para hacer frente a la enfermedad, y que marqué en mi vida como el periodo de cuidados intensivos respecto a ella. El capítulo 6 (Una nueva relación conmigo y con el entorno, la depresión y el cuerpo) es el puente, hipotéticamente hablando, del cambio de vida y de las nuevas formas de tratarse. El capítulo 7 (La trilogía: en busca de una nueva forma de interpretar), lo dicho anteriormente. Después desarrollo tres capítulos (el 8, Pensamientos; el 9, Sentimientos, y el 10, Situaciones) en los que entro de lleno a explicar cómo fui cambiando la percepción de mí mismo y recuperando poco a poco mi salud. Lo hago a partir de una explicación detallada de cada aspecto y con el añadido de ejemplos y ejercicios. Con todo lo dicho preparé esta parte, que espero sea de utilidad para el lector.

GLOSARIO

HACEDOR. El que vive haciendo cosas para justificar su existencia. Cuando lo hace de forma exagerada puede llegar a enfermar.

HORMIGUEO. Sensación semejante a la que resultaría si por una parte del cuerpo corrieran hormigas. Cosquilleo, picazón.

MUTUA. Organización médica privada contratada por la empresa en la que uno es empleado y que verifica el estado de salud de un trabajador. Lo hace para ratificar o rectificar los partes médicos del médico de cabecera.

RELATIVIZAR. Dar menos importancia a un asunto al relacionarlo con otros aspectos.

TRILOGÍA. Conjunto de tres obras literarias de un autor que constituyen una unidad.

TERAPIA. (COGNITIVA) Método de tratamiento de los trastornos mentales o emocionales que ayudan a una persona a cambiar sus actitudes, percepciones y modelos de pensamiento.

TERAPIA. (CONDUCTUAL) Tipo de psicoterapia que intenta modificar los patrones de conducta observables mal ajustados, sustituyéndolos por una nueva respuesta o grupo de respuestas a un estímulo dado.

IMPORTAR TODO UN PITO. Frase con la que se expresa desapego y desinterés.

IRSE AL GARETE. Fracasar o malograrse.

TRATAMIENTO. Conjunto de medios que se emplean para curar o aliviar una enfermedad.

UCI. Unidad de cuidados intensivos.

Capítulo 5

La urgencia, las gestiones y los médicos

Mientras iba preparando la parte II me fui dando cuenta de que tenía que mostrar los aspectos previos al tratamiento, y destacar su importancia. De no hacerlo podría pensarse erróneamente que no era imprescindible tratarme con urgencia. Es cierto, lo admito, una opción era seguir igual. Pero las posibilidades de morirme muy joven, o de tener afecciones físicas graves, estaban en mi camino. En ese aspecto debo ser terminante en mi apreciación. Por eso este capítulo corresponde a la misma situación de atención imperiosa de cuando estamos en la UCI (Unidad de Cuidados Intensivos). Cuando nos van a realizar una operación quirúrgica nos hacen un estudio preoperatorio. El capítulo 5, y lo que relato en él, se puede considerar la preparación de la «operación» que siguió, que consistió en la terapia para afrontar la depresión. Debo recordar, porque si no es muy difícil comprender mi proceder, que en ese periodo todo lo veía de forma distorsionada; por eso, cualquier gestión o acción, por mínima que fuera, se transformaba en un tormento.

Etapa previa al diagnóstico

Por entonces trabajaba en dos sitios distintos. Por un lado, me ocupaba de mis tareas para la ONG de la que formaba parte, y por otro, trabajaba en mi empleo remunerado. Esta situación, que no sabía cómo llevar con equilibrio, me fue generando un grado de estrés cada vez más fuerte. El nivel de preocupación constante e insalubre y de compromiso excesivo no encontraba remedio. Esta circunstancia era tal que visité al médico de cabecera, que me sugirió que debía «regular» mi implicación y mis preocupaciones, porque empezaban a afectar a mi salud. Los análisis y estudios que me hicieron mostraban que la presión arterial se había descontrolado. Este fue un primer aviso de que algo no iba bien.

Por eso, de acuerdo con ese médico, inicié consultas para abandonar el tabaco (hacía muchos años que el cigarrillo me tenía atrapado), por un lado, y para tratar mis preocupaciones con algún psicólogo, por otro. Empecé un régimen para dejar de fumar que me funcionó muy bien, guiado por una terapeuta de la salud pública, especialista en adicciones. Esta profesional resultó determinante a la hora de encontrar un método eficaz para dejar atrás ese veneno. En la primera entrevista me preguntó si estaba seguro de querer dejar de fumar, para luego decirme que, si así era, entonces me ayudaría, pero que de lo contrario más valdría que me fuera y no le hiciera perder el tiempo. Aunque suene duro, esto a mí me gustó. Casi al mismo tiempo, inicié un esbozo de terapia, también en la salud pública, con psicólogos que atienden todo tipo de casos y situaciones. Mi intención era poder equilibrarme de algún modo, encontrar una explicación a un malestar que comenzaba a hacerse notar cada vez más.

Después de un tiempo en el que el estrés había remitido en parte, me recomendaron que para seguir tratándome, lo mejor era acudir a algún psicólogo privado, porque para la salud pública lo mío no revestía «urgencia ni gravedad». En cierto modo esto me demostró, con el paso del tiempo, lo complicado que resulta para los profesionales de la salud mental realizar un diagnóstico correcto para detectar una depresión. A pesar de los indicios que venía observando, recibí con cierta euforia la opinión recibida. Me engañaba. Hasta ahí, no tenía idea de lo que era o significaba la depresión. Tampoco imaginé todo lo que sufriría después.

En un periodo posterior, al disminuir las urgencias y necesidades que vivía la ONG, con la que mantenía una responsabilidad muy alta, comencé a transitar una etapa de «replanteamientos vivenciales» que me llevaron a buscar un psicólogo con quien realizar una terapia más tranquila. Mi objetivo era aclararme con respecto a esos replanteamientos. Lo que no podía imaginar ni suponer, porque no pasó por mi mente en ningún momento, es que *ese hecho fue el que me salvó la vida*. Agradezco haber tenido esos momentos de lucidez y claridad por los cuales decidí iniciar la terapia, tanto es así que me referiré a ellos en otro lugar del libro. Esos momentos fueron los que me permitieron tomar la decisión correcta.

Breve comentario sobre la pelea con los abuelos

El resultado del altercado con los abuelos mencionado al principio del libro produjo en mí la necesidad de pensar en que era urgente hacer algo. Empezaba a confirmar que sufría alguna enfermedad. Comencé a creer y aceptar las indicaciones que me venía haciendo la psicóloga. De algún modo ese incidente me obligó, aun sin estar del todo de acuerdo, a reconocer el diagnóstico. Aún así no gestioné la baja médica y laboral de inmediato. Pasé unos días indeciso, con mucha incertidumbre. Un pensamiento negativo me maltrataba: era el convencimiento de estar fallando con todo y a todos.

Lo que decía en terapia esos días

Transcribo mis diálogos de esos días con mi psicóloga porque son muy descriptivos:

Apuntes de la terapeuta:

13 de octubre
Ha estado pensando en lo que le dije de la baja y la medicación, pero dice que ahora no es un buen momento «por el bien del equipo» (ONG). Hablamos de su necesidad de comprometerse con la gente y de su sentido de la responsabilidad. Dice que «es como si nunca tuviera tiempo para hacer las cosas que me hacen bien». Después de hablarlo, reconoce que tiene miedo a enfrentarse a que el médico de cabecera no le dé la baja.

27 de octubre

Continúa dándole vueltas al tema de la baja y tiene claro que la necesita, pero dice que esperará a mediados de noviembre, cuando haya expuesto su situación a su jefe. Cada vez se nota más cansado. Piensa que la medicación será contraproducente, que le va a generar preocupación. Cree que puede terminar dependiendo de ella.

3 de noviembre

Incidente en el trabajo. No se reconoce en la reacción que tuvo y decide pedir la baja, pero quiere aguantar hasta enero. Se siente avergonzado de pedir baja psicológica. Ha empezado a hacer relajación «me siento aletargado, como una larva». Psicoeducación de la depresión. «Tengo que convencerme de que necesito descansar».

10 de noviembre

Continúa dándole vueltas al tema de la baja. No es capaz de tomar la decisión. Tensión en el trabajo. Inseguridad, rumiación, insomnio, sensación de no saber adónde va. No cumple con la relajación porque no tiene tiempo. Ha salido algún día a correr.

18 de noviembre

Por fin decide coger la baja.

Dice: «No aguanto más». Siempre siento que estoy fallando. Me estresa que alguien descubra que estoy haciéndolo mal. No logro descansar, la relajación me sirve solo para tomar un respiro. Me encuentro como Bambi, en un momento de indefensión. Indicaciones sobre cómo pedir la baja. «Quiero que él me entienda, lo necesito».

24 de noviembre
Mañana, hora con el médico. Le molesta tener que coger la baja, pero al mismo tiempo siente alivio de tenerla cerca. No sabe por qué se siente mal cuando se supone que debería sentirse mejor por coger la baja. Hablamos de que no puede sentirse mejor, justamente, porque tiene depresión. Durante esta semana no ha hecho nada para cuidarse a sí mismo. Insisto en que empiece a cuidar el cuerpo: caminar, relajación. Le preocupan las dificultades para recordar las cosas. Encuadramos las dificultades de concentración y memoria dentro de la sintomatología de la depresión. Empezamos a hablar de asumir el rol de enfermo.

2 de diciembre
Ya tiene la baja. Se pregunta por qué le ha generado tanta preocupación el tema de la baja porque al final no le ha supuesto ninguna dificultad. Se siente muy extraño por no tener que hacer nada: hacemos un plan. Tiene miedo de que su mente se ocupe de cosas pendientes. Hacemos una lista de actividades placenteras. «Sentarme en el sillón a descansar para mí es una ofensa». Habla de dos síntomas: amargura continua y «me duele el ruido».
Deberes: redacción «Estoy enfermo porque...».

10 de diciembre
Agobiado y estresado por las citas con los médicos. Ahora se añade el de la mutua. Sentimientos de culpa por no ocuparse de sí mismo. «Veo por dónde tengo que ir pero, por otro lado, me faltan energías para hacerlo». Insisto en la medicación. Trae la lista de sus síntomas (eran deberes) y los valora por grados de afectación.

14 de diciembre
Se ha comprado los libros de los que hemos estado hablando para ayudarlo en la terapia. Duerme mucho pero se levanta cansado. Las preocupaciones continúan. Hablamos de los pensamientos obsesivos: preocupación por el desorden; necesita ordenarlo todo para sentirse más tranquilo. Repetición: repite las plantillas del trabajo varias veces para asegurarse de que están bien, comprobar que el coche está cerrado. Estrategia de posponer pensamientos obsesivos. Ha empezado a hacer natación.

21 de diciembre
Ha empezado con la paroxetina. Resolvemos dudas sobre la medicación. Hablamos sobre cómo la incertidumbre le genera vulnerabilidad.

El diagnóstico

Quiero recalcar, desde mi punto de vista de ex-paciente de depresión, la importancia decisiva de un diagnóstico. Más aún de que este sea correcto. A mí se me detectó una depresión mayor, que consiste en tener al menos 5 de los síntomas depresivos que indican las especificaciones psicomédicas. En años anteriores había padecido estrés y había acudido a terapia durante un corto periodo, como también para dejar de fumar. No puedo asegurar que la depresión estuviera de algún modo latente o solapada, pero sí puedo decir que muchos de los síntomas los vivía desde mucho tiempo atrás. Significa que si sufría esto, realmente, muchas de las cuestiones de mi vida pudieron hacerse, o decidirse, influenciadas por un prisma incorrecto, de algún modo enfermo.

Aunque me cueste contarlo, tengo que admitir que en mis relaciones familiares, de amistad, de trabajo y en mi vida en general, pude haber generado daños, no solo a mí, en mi cuerpo o en mi comportamiento, sino a todo mi entorno. Imagino que a la terapeuta que me diagnosticó, y luego me trató, le habrá costado un importante esfuerzo detectar mis síntomas. De alguna forma creo que los venía encubriendo, no por mala intención, sino por una falsa autoestima. También porque no supe ver las señales o indicios de la enfermedad, algo que fui descubriendo más tarde. Creo que es característico que las personas que acuden a terapia o a ver a un psicólogo o un psiquiatra no informan realmente de lo que les sucede. Por eso, para obtener un diagnóstico eficaz, es muy importante relatar al profesional todo lo que sentimos, con «pelos y señales», porque es como él puede hacer acopio de los detalles y llegar a una evaluación certera.

El diagnóstico, a su vez, nos indica que tenemos que hacer algo. Que tenemos que movilizarnos, que hay que ocuparse de uno mismo. Que tenemos que fijar la mirada en nosotros y quitarla de otros aspectos de la vida. Que si hay que parar, relajarse, hacer una vista atrás y adelante, es el momento de hacerlo, porque sencillamente, y sin pretender alarmar con lo que digo, nuestra vida está en peligro. No servimos para nada ni para nadie, incluso ocasionamos daño a los demás si estamos enfermos. Es posible morir de cáncer, de alguna enfermedad del corazón, en un accidente automovilístico, en una guerra o en un atentado... Pero también es posible morir producto de la depresión. Por ello hay que ser sensatos cuando nos dicen que tenemos que ocuparnos de nuestra salud mental. *El diagnóstico de una depresión es tan importante como el diagnóstico de un cáncer o de cualquier enfermedad grave.*

La baja médica-laboral

Creo que es necesario mencionar cuáles fueron las razones que me ayudaron a tomar la decisión de aceptar la baja médica y laboral.

En su momento no pude reflexionarlo con calma porque, justamente, no me encontraba en condiciones normales. Pero hoy puedo decir cuales fueron estos motivos. En primer lugar, mi familia, que soportaba cotidianamente mis malditos cambios de carácter y no sabía cómo actuar, lo que hacía que sufrieran mucho. No poder hablar prácticamente sobre ninguna situación cotidiana sin que se generase algún altercado me obligó a asumir que ya era el momento. Mi manera de ser era muy extraña. Pero además sufría solo con estar con ellos, algo que conté en la primera parte de este libro. Esto era una importante llamada de atención.

Otra razón, muy valiosa para mí fueron las conversaciones con la psicóloga, que me abrían el pensamiento y me ayudaban a orientarme. Encontraba respuestas a la gran cantidad de dudas que tenía en esa época y, por otro lado, comencé a aceptar que había alguien que podía comprender ese «dolor» tan raro, que venía soportando desde hacía tanto tiempo atrás. Lo siguiente que debo mencionar es el buen hacer de mi médico de cabecera que, conociendo mi historial médico, tuvo la sabiduría de explicarme cómo debía actuar. En el trabajo ayudó el criterio de mi jefe, que simplemente comprendió mi situación. Por último, y en otro sentido muy distinto, las reclamaciones y quejas que tenía de parte de miembros de la ONG, que hacían que participar de las actividades propuestas fuera una verdadera batalla diaria.

La siguiente es una nota de la terapeuta al médico de cabecera para indicarle cómo me encontraba:

Solicitud de evaluación para el médico de cabecera:

«Helios recibe tratamiento psicoterapéutico en nuestro Centro desde hace unos meses. Actualmente presenta un trastorno depresivo, reactivo a una situación de agotamiento por exceso de tensión mantenida en el tiempo. Cumple los criterios para el diagnóstico de un trastorno depresivo mayor moderado (F32.1 DSM-IV).

Se encuentra muy agotado, tiene dificultades de concentración, presenta irritabilidad, alteración del sueño, descenso acusado del interés y la capacidad de placer para casi todas las actividades diarias, vivencias disfóricas, desánimo, anhedonia, sentimientos de impotencia y falta de energía.

Consideramos que su respuesta al tratamiento psicoterapéutico está siendo muy positiva; Helios está aprendiendo a identificar y modificar sus procesos cognitivos negativos para conseguir cambiar el estado de ánimo. Sin embargo, en las últimas semanas se ha producido un aumento de la tensión laboral que ha agudizado el cuadro.

Por todas estas razones, agradeceré valore la conveniencia de que Helios coja la baja laboral, para que pueda ir adquiriendo estrategias conductuales y cognitivas de afrontamiento para las exigencias presentes y futuras de la vida».

Entrevista en el trabajo

Hacer frente a mi jefe para plantearle la idea de que tenía que dejar de trabajar un tiempo, para tratarme de la depresión fue una de las pruebas más difíciles que realicé en mi vida. Fíjense en que en vez de *hablar* o *dialogar* uso la expresión «hacer frente». Como he dicho anteriormente, sentía que era un farsante. A eso se añadía que iba a cobrar el sueldo sin trabajar, algo que consideraba ofensivo. Sentía que me estaba aprovechando de un resquicio de debilidad del sistema sanitario y que recibiría una remuneración que no era el producto de mi esfuerzo, sino un regalo, del todo excesivo.

Por más equivocado y fuera de lugar que pueda parecer esto, así es como pensaba. No olvidemos que antes la depresión tenía poca importancia para mí. La consideraba un malestar pasajero que se solucionaría con un poco de descanso. Me decía: «¿Cómo puedes dejar de trabajar, con lo que te ha costado llegar hasta aquí?». No llegaba a comprender que una dolencia de este tipo suele ser lo suficientemente grave y puede afectar de tal forma que es imprescindible detener los compromisos y las exigencias cotidianas y hacer lo que sea necesario para curarse a conciencia.

Personarme ante mi jefe y comunicarle que dejaba de trabajar por una depresión se había convertido en una gestión casi inaccesible, más allá de la buena voluntad, comprensión y predisposición que él tuviera. Estuve con estos devaneos e indefiniciones varios meses, hasta que sucedió el incidente con los abuelos, que terminó por obligarme: ya no podía salir a la calle a hacer mi trabajo en esas condiciones y tuve que admitir que el problema había pasado a ser urgente.

La entrevista en sí no fue nada fuera de lo común. Se trata de una persona accesible, alguien de tratamiento cercano y cortés. Pero aun así esa mañana solo pensaba en decirle: «Por favor, ayúdame, no puedo seguir así, necesito parar». Está claro que necesitaba comprensión, y por qué no decirlo, un poco de compasión. Le relaté lo que me había sucedido con los abuelos y la idea de que si seguía por ese camino podía pasar algo grave; que si volvía a discutir con algún cliente no podía saber cómo me comportaría. Además le conté las visitas médicas que venía realizando. Entonces me dijo: «Tómate el tiempo que necesites», una respuesta sencilla y contundente que me ayudó mucho.

Sabía que mi jefe opinaba que puede haber personas que realmente utilizan maniobras no muy claras —digamos, lisa y llanamente, triquiñuelas— para no trabajar; que en su posición se le complica llevar estos temas. No era mi caso, pero en cierta forma se justifica que tuviera el mal pensamiento, el sentimiento de culpa y de farsa. En resumen, me costó muchísimo dar el paso de pedir la baja laboral y solo lo pude aceptar obligado por el miedo a sufrir un encontronazo, tener una discusión o algo parecido que terminara ocasionando consecuencias graves para mí, para mi familia y para la empresa. No era lo mejor para nadie que yo continuara trabajando.

La medicación

Otra montaña para subir con las manos desnudas. Fue muy duro reconocer que tenía que tomar medicación. A pesar de que se me dijera que era para «reforzar» el tratamiento. Pensaba que iba a drogarme, pero en un sentido malicioso y peyorativo. Dudaba de sus efectos. El fármaco que me iban a recetar evidentemente es una droga, pero su efecto está pensado para aliviar los síntomas más dolorosos y complicados de una depresión. Para mí esto no valía como argumento, porque me imaginaba una vida posterior de adicción y dependencia a esta medicina. Asociaba este pensamiento a otro, mucho peor, que me generaba la sensación de debilidad extrema, de blandura sobre las decisiones de mi vida. Para estar, supuestamente bien, terminaba dependiendo de una pastilla. Esto me producía un pensamiento muy negativo. Apunté en mis notas: «Ya me muero, este es el comienzo del fin».

Hablé mucho con la psicóloga sobre este asunto y luego con el médico de cabecera. Quería garantías de que no iba a sufrir efectos adversos o secundarios. Ansiaba, en definitiva, algo que no me podían dar y que es la seguridad absoluta. En caso de aceptarla, pretendía tomarla durante el menor tiempo posible. Me acompañaba otro pensamiento, producto de mi amor propio: quería curarme sin drogas. Evidentemente, no está mal pensar así en una situación normal, pero es que esta no lo era. Es sano también aceptar de buen grado las indicaciones de los profesionales médicos cuando algo resulta muy evidente. La terapia es la solución inicial y definitiva, porque trata la raíz y las causas de los problemas de una depresión, pero a veces, como fue mi caso, los síntomas no permiten llegar con la tranquilidad necesaria a esas causas. Tanto la terapeuta como el médico clínico me reforzaron esa idea. Así que terminé aceptando medicarme y me siento satisfecho de haber tomado esa decisión.

Por eso quiero comentar una conclusión, y también un nuevo aprendizaje, que en algún momento apunté sobre el tema y que creo merece conocer el lector. En el estado en el que me encontraba fue correcto asumir tomar el fármaco recetado con el control médico correcto. Aunque suene repetitivo, cualquiera que va a tratarse de una depresión es crucial que asuma esta precaución. *Tomar drogas o medicamentos, para los problemas de los que venimos hablando, sin ningún control puede llegar a ser fatal.* Entiendo que en estado de ofuscación, de intranquilidad o de cualquier otro síntoma extraño a nuestra manera de ser, nos cuesta mucho discernir sobre esta y otras cuestiones. Pero si de algo pueden servir estas líneas, y espero que así sea, es para crear conciencia del peligro de la automedicación.

«Sé responsable contigo». Esta frase debe retumbar en nuestros oídos cuando consumamos algún fármaco sin prescripción médica. Debemos hacernos la siguiente pregunta: «¿Le darías esta pastilla a tu hija o a tu hijo? ¿Y a tu madre? ¿Y a tu hermana? ¿Y a alguien a quien quieres? ¿Tienes la seguridad de que le hará bien?». En función de las respuestas estará la importancia que le demos a esta cuestión.

Por todo lo dicho, entonces, comencé a tomar por las mañanas una pastilla del medicamento sugerido. No logré notarlo en mi cuerpo hasta mes y medio después. Me lo había anunciado el médico de cabecera. Gracias al efecto del medicamento pude descansar mejor. Ya podía tratar con mi mente desde cero. Notaba claramente a diario que me suavizaba los síntomas, especialmente la rumiación. El medicamento me ayudaba a relativizar y apuntalaba los ejercicios de la terapia. Conseguía elaborar una idea sin contaminación de malos pensamientos, algo muy importante para poder curarme. También me di cuenta de que mejoré en cuanto a la memoria. El único efecto secundario que puedo reseñar es que retrasaba los tiempos de eyaculación; una vez que dejé de tomarlo, aproximadamente al mes, volvió a la normalidad. Estuve medicado unos seis meses y medio.

Solicitud de aplicación de medicación de apoyo al médico de cabecera

«Helios recibe tratamiento psicoterapéutico en nuestro Centro desde hace unos meses. Actualmente presenta trastorno depresivo mayor moderado (F32.1 DSM-IV).

Se encuentra muy agotado, tiene dificultades de concentración, presenta irritabilidad, alteración del sueño, descenso acusado del interés y la capacidad de placer para casi todas las actividades diarias, vivencias disfóricas, desánimo, anhedonia, sentimientos de impotencia y falta de energía.

Al mismo tiempo, cumple criterios para un trastorno de ansiedad generalizada (F41.1 DSM-IV). Manifiesta un estado de ansiedad y preocupación excesiva sobre una amplia gama de acontecimientos o actividades. Le resulta difícil controlar este estado de constante preocupación. Presenta inquietud e impaciencia, fatigabilidad fácil, dificultades de concentración, irritabilidad, tensión muscular y alteraciones del sueño.

Aunque ya se ha iniciado tratamiento psicoterapéutico de tipo cognitivo-conductual, la sintomatología actual lo desborda, lo que le genera una sensación continua de frustración que entorpece de forma muy significativa el trabajo terapéutico.

Por todas estas razones, agradeceré valore la conveniencia de que Helios inicie tratamiento farmacológico de apoyo y renueve la baja laboral, ya que su trabajo es, en estos momentos, un gran estresor y actualmente se encuentra en un estado de agotamiento psíquico importante».

Otras gestiones y entrevistas

Además de ver periódicamente a la terapeuta y el médico de cabecera, acudí a un psiquiatra de forma particular, al médico clínico de la mutua del trabajo, al psiquiatra evaluador de esta y a los médicos peritos de la Seguridad Social, que valoran la necesidad de ampliar o reducir la baja después de un periodo prolongado y recomendar alguna medida nueva que haya que adoptar. Al mismo tiempo, realicé controles periódicos de presión arterial en la enfermería del ambulatorio más cercano a mi domicilio. Cada semana iba a recoger el justificante de baja para reenviarlo a mi trabajo.

El médico de cabecera, como ya relaté, conocía mi historial médico. Además del fármaco que me prescribió me indicó los controles mencionados sobre la presión arterial y me recetó un jarabe natural de hierbas para ayudarme a conciliar el sueño. Después, durante el tratamiento, mantuve varias charlas con él en las que le relataba cómo se encontraban mis síntomas y cómo me estaban haciendo efecto la terapia y la medicación.

La consulta que hice de manera privada a un psiquiatra (digamos neutral) fue porque quería tener una entrevista con otro profesional equivalente antes de ir al de la mutua del trabajo. Ya he referido muchas veces que tenía mucho miedo, porque me sentía culpable. Sentía que necesitaba una «hipotética opinión imparcial» que me confirmase que realmente estaba enfermo. Es increíble, pero es cierto. Como dudaba de todo, y de todos, obviamente también dudaba de mí. Le hice varias consultas sobre mi estado y en particular sobre lo que en su opinión podría decirme el psiquiatra evaluador de la mutua, algo que me inquietaba mucho.

En el fondo de mi mente dubitativa y enferma navegaba esa pregunta haciéndome mucho daño. Así que se la trasladé a este médico. Al igual que con la medicación, buscaba respuestas que no me podían dar, porque las preguntas eran incorrectas, o no eran necesarias. Buscaba algo que no existía. Este médico confirmó mi estado depresivo y me indicó que lo que estaba haciendo con el tratamiento era lo correcto. Pero, por otro lado, y sin ninguna mala intención, me dijo algo que me produjo una enorme incertidumbre: «En la mutua van a querer acortar lo más posible los días de baja, para eso están». Repito, no me dio la impresión de que lo dijera con sorna o ironía, pero para mí fue otro de los bombazos de mi enfermedad. Porque al salir de la consulta me dije a mí mismo: «¡¡Joder, no puedo estar ni enfermo!!».

En varias oportunidades estuve en la mutua del trabajo para ver al médico clínico. De esas entrevistas no tengo nada que reseñar. Pero sí de la entrevista demoledora y totalmente fuera de lugar que tuve —y esta vez sí remarco la palabra *afrontar*— con el médico psiquiatra de la misma mutua. Imaginen por un momento que toda la vida de uno depende de una sola persona, de la opinión de esta y del criterio o el juicio que tenga acerca de ti, y que lo que vales se comprobará a través de una entrevista de algo más de diez minutos. No solamente me había cargado de sentimiento de culpa previamente, sino que le daba a esta gestión un valor totalmente desmedido y desenfocado, porque si bien en una mutua laboral intentarán que el tiempo de baja médica sea el menor posible, no pueden cometer acciones impropias, por decirlo de algún modo, para que uno vuelva a trabajar sea como sea.

Un apunte en mis notas de esos días: «La decisión de "tratarme"... quiero hacerla firme, lleve lo que lleve encararla. El caso es que esta idea me perturba. No quiero enfrentarme al médico-psiquiatra-evaluador de la mutua». Había en esta gestión mucho más que el simple hecho de pasar una evaluación; lo que había era un estado de inseguridad extrema por mi parte, toda mi vida estaba en peligro y por eso la pequeña luz que significaba hacer el tratamiento de la depresión sentía que peligraba por ese motivo. Si uno se lastima un brazo, una pierna o sufre cualquier otro accidente que afecte al cuerpo, necesitará un tiempo de internación o de cuidados médicos durante el cual descansará, recibirá medicación para curarse y hará luego una recuperación, y durante todo ese tiempo no trabajará. Pues con la depresión debe ser igual, pero no siempre lo es, porque no hay un diagnóstico, porque este es equivocado, o también porque se la menoscaba como dolencia o se la considera una enfermedad menor. Me arriesgo a decir que esto, todavía en el siglo XXI, es algo que está sucediendo y de alguna forma hace que los enfermos, con grados más o menos depresivos, no lleguen a curarse como sería deseable e imprescindible, lo cual convierte a millones de personas en seres desgraciados.

Me aferraba a mi única esperanza de estar bien y volver al trabajo sano de verdad; a hacer una buena terapia, a que me hicieran efecto los medicamentos y, muy importante, a que me sirvieran los ejercicios que comenzaba a practicar cada día. Esta esperanza se ponía en duda con el encuentro que tenía que llevar adelante. El recuerdo de esos momentos todavía me estremece un poco, incluso hay partes de mi memoria que me han regalado el beneficio del olvido, para que no tome en cuenta algo que en definitiva estaba haciendo en un estado de enfermedad muy fuerte. Me presenté ante este buen señor (del cual obviamente no guardo una opinión favorable) y comencé a relatarle cómo me encontraba. Noté, casi en el acto, que el diálogo no era el acostumbrado cuando vamos a ver a alguien que nos va a escuchar, sino el típico encuentro de presentación incómoda ante una entrevista de trabajo, en la cual uno no sabe qué hace ahí.

En resumen, este hombre ni siquiera me ofreció sentarme, algo que decidí hacer sin saber si tenía que hacerlo o no. Y hasta los primeros cinco minutos me sentí totalmente fuera de lugar, porque daba la impresión de que estaba en el despacho de un gerente de un banco, pidiendo o suplicando o en el de un malhumorado jefe de alguna empresa de mala muerte de algún recóndito lugar perdido de este mundo. *No me preguntaba, sino que me interpelaba; no me consultaba, sino que me interrogaba.* Si bien estas acepciones son equiparables en el diccionario, su sentido real es muy distinto. En todo caso, por más que, por mi parte, llevara todas las pruebas y me quitara el sentimiento de culpa previo y tratara de hacerme entender, la entrevista estaba yendo muy mal.

LLEGANDO MUY NERVIOSO, CASI DESCOMPUESTO.

TRATÁNDOME DE EXPLICAR CON TORPEZA.

SALIENDO MUY OFUSCADO.

Pero hubo un hecho que me desquició completamente y que me demostró que estaba en «la casa del enemigo». Fue el relato del síntoma de la nevera, que para mí era una clara demostración de que algo conmigo no iba bien. Su respuesta, con un deje de ironía, fue que eso era algo normal de las personas y que no valía como síntoma. Estimado lector, saque sus propias conclusiones. La mía es que no me encontraba frente a un evaluador, sino de un inquisidor de la Edad Media. Creo que no es la forma de actuar ante un depresivo, por más dudas que se pueda tener de alguna actuación falsa por parte del enfermo. Hay muchas formas de verificar los síntomas y un médico realmente puesto en su tarea debe saber cómo hacerlo, pero si el cometido es otro, entonces existe un problema. No quiero abundar más en esta cuestión porque, además de remover los malos recuerdos, me impulsa a pensar y a decir cosas no muy agradables con respecto a este tipo de actuaciones.

Tomaré un poco aire porque resta contar que también acudí a una evaluación de la Seguridad Social, en donde se trataba de confirmar si me tenían que ampliar el periodo de baja médica o si todavía faltaba un tiempo más. Esta vez la entrevista fue muy amable y se me permitió contar en detalle lo que me sucedía. Pero además debo decir que me hicieron un cuestionario muy extenso en el que pude explayarme sobre muchas de las cosas que me pasaban. Evidentemente, si uno tiene la oportunidad de poder relatar sin temor lo que está sufriendo puede llegar hasta el «hueso» de los pensamientos y sentimientos y, por tanto, una evaluación hacia sí mismo, que es lo que quiero recalcar, es más exacta y más real. Sin dudas al presentarme ante esta evaluación llevaba mis «dolores» a cuestas, pero salí de ahí con la sensación de que se estaba haciendo lo correcto conmigo y con mi salud.

Pedir licencia en la ONG

Especial fue hacer la gestión para dejar mis actividades en la ONG en la que participaba desde hacía más de seis años. Para comprender la importancia que tenía esto para mí es necesario que me explique en detalle.

Esta asociación era una ayuda concreta y directa para muchas personas que necesitaban aquello específico que la ONG ofrecía. Aceptar la baja médica me generaba la idea de que abandonaba un montón de gente, que no recibiría atención. Sentía inmensa rabia e impotencia.

Era uno de los fundadores de la organización, que en ese momento presidía. Mi nivel de compromiso era total. Me dolía muy especialmente todo detalle o cuestión vinculada a alguien del colectivo a quien esta ONG representaba.

Pero además de haber sido uno de los precursores, tenía mi existencia comprometida desde todo punto de vista con esta asociación. *Era el proyecto más importante que había conseguido poner en marcha en mi vida, en materia de actividad social y solidaria.* Eso demuestra lo importante que era para mí. Había puesto todas mis energías e invertido todo el dinero posible para que esto saliera bien. Además, se habían logrado muchas victorias en nuestras reclamaciones y en la ayuda a la gente que se acercaba a nosotros. Teníamos representantes en más de una decena de países y el reconocimiento de la ONG, en su especialidad, era ya notoriamente público. Todo hacía que el peso en mi conciencia de abandonar fuera muy doloroso, porque no lo consideraba una licencia, sino un abandono.

Incluyo a continuación unos pensamientos que apunté sobre esto, sin mucho orden pero demostrativas de lo que sentía:

- ¡¡No puede ser!! ¡¡Además del trabajo, ¿¿dejas abandonada a la gente y a la ONG??!!
- Ahora mismo estoy cansado, no puedo con esto, pero ¡como duele!
- No quiero «perder el tren» de lo que se está haciendo.
- Quiero que se reconozca lo que hice, ¡carajo!

- Me da miedo que todo mi trabajo se vaya al garete. Que todo lo que hice se pierda.
- Tengo miedo de que usen la asociación para cosas malas, para cosas distintas a sus objetivos.
- Siento que me quedaré vacío si no estoy en ella.
- ¡¡Cuánto he hecho!!
- ¿Por qué si me reconocen lo hecho no me satisface?
- ¿Necesito aprobación por mi trabajo?
- ¿Por qué me siento insatisfecho con todo esto?
- Esto me importa mucho, mucho, mucho, y quiero sentirme bien haga lo que haga o decida lo que decida sobre la licencia.

Pedir licencia fue una tortura para mí. Por si hiciera falta aclararlo, no recibía ningún tipo de remuneración. El sentimiento puro, sano y motivador es solo comparable, salvando las distancias, al que se tiene por un hijo. El amor por una creación como esta es muy fuerte, y el dolor por sentir perderla es muy profundo y desgarrador. Aquellos que han participado en gestas como esta, que han creado clubes, asociaciones de vecinos, de estudiantes, o de lo que sea, podrán confirmar lo que digo. De cualquier forma, tuve que asumirlo como otro de mis pasos previos al tratamiento. Es evidente que también necesitaba la baja laboral-médica y sentimental de la ONG.

Confianza en la terapia

Lo más importante que hay que hacer cuando nos encontramos mal, cuando nos sentimos perdidos con nuestra vida o cuando sufrimos mucho por los motivos que sean es dar un paso adelante y pedir ayuda. Este asunto es muy importante, porque a partir de ahí podemos tener una opción de mejorar o de curarnos si estamos enfermos. *No pedir ayuda significa la posibilidad, en caso de vivir un proceso depresivo, de que hagamos algo de lo que podamos arrepentirnos.* Nunca podrían agotarse los argumentos de la importancia vital que tiene pedir apoyo. Intento, a través del libro, reforzar esa idea. Soy un convencido de que a partir de ese paso es cuando empezamos a dar otros más firmes en el proceso de curación. Después buscaremos el profesional, el lugar o aquello que nos dé respuesta. Pero lo primero, insisto, es darse cuenta de que necesitamos pedir ayuda.

Si nos levantamos por la mañana y nuestro primer pensamiento es negativo, y si luego esto se repite cada día; y si lo mismo nos ocurre antes de dormirnos con nuestros últimos pensamientos; si estos, además, nos hacen sufrir, por lo que sea, nos ponen tristes, nos producen desgano, enfado o lo que sea..., si nos sucede todo esto es porque, como mínimo, algo nos ocurre. Aunque solo sea para pasar una evaluación, lo mejor es ir a alguna consulta médica y contar lo que nos pasa. Acudir a un psicólogo o psiquiatra, a un profesional de la salud mental no quiere decir, necesariamente, que estemos locos ni desquiciados, sino todo lo contrario. *El síntoma más sano de salud mental es saber que necesitamos ayuda, aunque no tengamos claro en ese instante lo que estamos buscando.*

Una vez que damos el paso, la cuestión siguiente es confiar en el proceso. Entiendo que íntimamente esto es muy complicado de reconocer. Cuando estamos con depresión también desconfiamos de la terapia y del terapeuta, por lo menos al inicio. Por esto quiero plantear las claves que hay que comprender para que cualquier tratamiento, sea de la corriente o de la escuela que sea, funcione.

Por un lado, el profesional no hace el trabajo de darnos respuestas o de enseñarnos un comportamiento adecuado. No es quien nos cura, sino que somos nosotros mismos quienes nos recuperamos al aplicar lo que vamos comprendiendo en terapia. Por tanto, la principal respuesta para sanarnos, y en definitiva para ser felices, no está en este señor o señora, sino en nosotros. Entiendo que este concepto pueda causar dudas porque uno va a terapia, o a un hospital, a que le den la «receta» o la «pócima» que quite el dolor. Pero en el caso de un terapeuta esa pócima es la ayuda para comprender nuestros comportamientos, repito, los nuestros. En este sentido actúa a modo de espejo y en nosotros está darnos cuenta de ello. Por eso viene a cuenta el tema de la confianza. Si nosotros no confiamos en el espejo, o si lo vemos con distorsión, también nos veremos a nosotros mismos distorsionados y será más difícil la curación. El proceso de dar con un profesional adecuado para nosotros es muy importante e implica hacer lo que sea para encontrarlo.

Entonces, siguiendo con la idea del espejo, para «ajustar» la imagen de nosotros mismos, la clave será hacerle ver al terapeuta todos los indicios y dolores que nos están aquejando. Porque si nuestro problema es que no sabemos pedir ayuda, desconfiamos y cuando nos presentamos en terapia contamos la mitad de las cosas, entonces no daremos el material que se necesita para devolvernos nuestra imagen correcta. Entiendo también que es un aprendizaje. Muchos de nosotros no sabemos pedir, o no queremos, como tampoco sabemos contar lo que nos pasa. Nadie nos enseñó. Pero es imprescindible aprender a hacerlo. De esto surgen las respuestas, del trabajo en común con el terapeuta podemos empezar a curarnos.

LLEGANDO CON
MUCHAS DUDAS.

HABLANDO Y
DESCUBRIENDO
COSAS.

SALIENDO CON
MÁS CLARIDAD Y
ESPERANZADO.

En mi caso tardé bastante en buscar ayuda. Debieron de pasar más de siete u ocho años de malestar permanente. No se me ocurría la idea de ir a ver a un psicólogo, a pesar de que no tenía nada en contra de estos profesionales. Cuando decidí hacerlo, busqué durante bastante tiempo alguno que tuviera buenas referencias. Al final di con la psicóloga que me terminó tratando y, después de un tiempo de conocimiento, descubrí que estaba delante de quien realmente me ayudaría, a pesar de que muchas veces dudé de su capacidad. La propia enfermedad confunde la realidad con la que podemos ver al terapeuta.

Cuando decidí empezar la terapia, desconocía lo que era la depresión. Mi idea, hasta entonces, era tratar cuestiones de mi vida más superficiales, si cabe. Por eso estuve varios meses sin contar verdaderamente lo que me hacía sentir mal. O sea, el espejo no podía hacer su trabajo. Evidentemente ir a terapia tenía sentido, pero no era el que yo esperaba. Nunca pensé que lo que me sucedía era a causa de una depresión. Me sorprendió descubrirlo. Por eso, haber realizado terapia y conseguir un buen autoanálisis fue una de las mejores cosas que me pasaron en la vida. *No me equivoco si afirmo que estoy vivo porque en su momento fui a terapia, así de simple.*

Los primeros pasos como enfermo

SALIENDO DE LA UCI (URGENCIAS).

Con la baja médica y laboral y la licencia en la ONG podía empezar a tratarme. Me di cuenta de que contaba con cinco soportes muy importantes para conseguir curarme: tenía el apoyo inestimable de mi familia; tenía la comprensión de la terapeuta, con quien avanzaba en cada sesión; disponía por delante de tiempo libre y sin compromisos; tenía una medicación de apoyo, que comenzaba a hacerme efecto, y, por último, tenía los libros (de los que hablaré en detalle en la parte IV) que tanto me ayudaron a interpretar lo que me sucedía. Estos apoyos fueron los que me aguantaron en la UCI con lo más urgente de la enfermedad. Pero esta situación la comprendo ahora; en su momento no lo vi así. Por eso necesito relatar las barreras que todavía tenía que superar.

La primera dificultad era con el tiempo: me sobraba. Todavía no podía ponerlo a mi favor. Todo lo contrario, creía y sentía con fuerza que gastaba horas inútiles. Por eso era imperioso que le encontrara el sentido a esto. Como no me ocurrió que al levantarme una mañana la depresión hubiera desaparecido, era necesario que me involucrara en mi curación. Por este motivo, a partir de ese momento, comencé a darles más importancia a mis cuadernos y mis notas. En ellas me explicaba a mí mismo lo que sufría. Practicaba alguno de los ejercicios que me daba la terapeuta o los que encontraba en los libros que iba leyendo. Luego trasladaba algo de esto a la sesión de terapia. Empezaba poco a poco a dar pasos, pero aún me costaba mucho. Transcribo algunas anotaciones de esos días para que se pueda constatar las dudas y la incertidumbre que vivía:

- Creo que puedo con todo, me siento culpable por todo. Pero cometo errores. ¡¡No puede ser!!
- Aceptar que tengo agotamiento psicológico: ¿por qué lo postergaba?
- Tengo límites (no siempre quiero ver los problemas de la gente).
- No sé disfrutar, tengo que reaprender a hacerlo.
- Con el tiempo libre ¿qué hago?, lo uso para escaparme, para negar, siento culpa por ello.
- Estoy cansado, muy cansado, no se me va más esta «mierda» de cansancio.
- Tengo miedo de que me ocurra como en el pasado y me sienta abandonado.
- Me hago una pregunta: ¿puedo hacer lo que quiero? No, no puedo (lo subrayaba porque íntimamente me dolía mucho sentir esto).

Recuerdo que en las sesiones de esa época trataba sobre qué hacer en el día a día. Mi problema era que se me agolpaban las cosas para hacer. Como no sabía tratar conmigo en una situación así, lo mejor era ocuparme de otra cosa. No recuerdo si exactamente lo hablé o lo pacté con la psicóloga en una sesión, pero sí lo tengo apuntado: «Cosas para hacer mientras me trato la depresión c/baja médica». Este era el título: ¡fíjense en la solemnidad! Si no era de esta forma no podía sostenerlo como algo importante para hacer. Luego seguía así:

- Ocuparme no más de 3 horas; resto tratamiento.
- Gestión del registro.
- Temas de la ONG.
- Pintura.
- Todo, ocuparme no más de 3 horas diarias hasta enero.

Se puede notar que todavía me llevaba la inercia de «estar ocupado». Por otro lado, me decía: «resto tratamiento», que significaba que no me iba a ocupar de mí y de mi curación. Lo sentía como un tiempo muerto, de alguna forma inútil. Todavía no le veía el sentido. Por eso hubo sesiones en las que no terminaba de encajar y tenía dudas de por dónde ir.

Esto duró hasta que empecé a realizar las tareas que me sugería la terapeuta. Me dio unas grabaciones de relajación que usé esos días (lo describo en el capítulo 6). Y además realicé unos ejercicios que consistían en imaginarme que estaba enfermo, pero enfermo de cualquier otra enfermedad. Como no aceptaba todavía la depresión, era mejor pensar en tener cualquier otra dolencia y ver qué sucedía. Así, cada día al despertarme elegía un malestar para imaginarlo. Podía ser una gripe, una diarrea, una operación de rodilla, incluso una vez fantaseé con una operación de corazón. Entonces, si sufría cualquiera de estas enfermedades debía hacer todo más despacio, tenía todo el sentido que fuera así. *Este ejercicio me hizo ver lo que es vivir enfermo, algo que no lograba meterme en la cabeza.* A esto lo acompañaba con ayudas memoria que iba apuntando en distintos lugares, como en la puerta de la nevera, en el espejo del baño o el que tenía en mi móvil y en mi portátil como fondo de pantalla, que decía: «Estás de baja, ¿y qué?». Que simule una enfermedad para comprender cómo me afecta la depresión no significa que termine aceptándola, pero es un ejercicio en el camino correcto.

Otra cosa que hice fue ponerme primero en las listas. Es decir, las actividades que planeaba hacer cada día empezaban con aquello que más me apetecía realizar. No era nada fácil elegir. Convivía en mi interior una competencia entre mi mente y mis deseos o mis ganas. Lo que decidía se ponía en duda constantemente, pero aun así mantenía el esfuerzo por ponerme primero e intentaba cumplir lo propuesto, aunque era muy complicado llevarlo a cabo. Después de varias veces de hacer esto, y de insistir en no caer, me di cuenta de que pocas veces en mi vida había actuado de esta forma. Creo que este ejercicio fue el inicio de la recuperación de mi autoestima.

Realicé otros ejercicios que trataban de apuntalar la recuperación de la decisión. *Con decisión nos podemos recuperar, pero sin ella estamos a merced de la enfermedad.* Empecé a posponer el análisis de las preocupaciones y de los pensamientos negativos. Evidentemente, un gran desafío. Fijaba un horario, al que llamé el «preocupómetro», en donde me ocupaba de pensar en aquellas cosas fuertes y dolorosas que surgían cada día. Determiné que entre las 19 y las 20 horas pensaría en ello. El resto del día, y cada vez que surgían estos malos pensamientos, los apuntaba y luego a esa hora me ocupaba de ellos. Me costaba horrores hacer esto. Al principio me hacía sentir estúpido, como si jugara con cuestiones vitales o muy importantes. Pero lo fui haciendo. Muchas veces fracasaba y me enzarzaba conmigo mismo en un debate de por qué debía aplazar pensar en tal o cual cuestión.

Fui descubriendo que el tema preocupante, la idea negativa o el dolor que me aquejaba horas antes, o la noche anterior, no tenía la misma intensidad o no lo notaba igual durante el «preocupómetro». Me resultaba increíble, pero así era. Cada cuestión se sentía completamente diferente. Incluso me daba el lujo de poner una preocupación después de otra para tratarlas como era mi deseo. Iba ganando decisión sobre qué pensar y en qué preocuparme. Pero cuidado: esto no lo conseguí de manera inmediata. Muchas veces, durante el resto del día, me imponía un enorme esfuerzo para no entrar en rumiación o en cualquiera de los otros síntomas. Es evidente que no somos una máquina a la cual le cambiamos las baterías y listo. Es un proceso. Aun así fui consiguiéndolo. Dicho de otra forma: las preocupaciones continuaron, pero cada día me encontraba mejor para asumirlas y resolverlas.

Por último, menciono dos ejemplos, no simulados, de ir aceptando que me encontraba enfermo. Recordemos que soy alguien que está pendiente de los problemas de mi entorno y, en especial, de los problemas de los grupos humanos de los que formo parte. Por tanto, muchas personas acuden a mí de manera natural. Así lo asumo y no me parece mal. Pero estando enfermo, y lo remarco, de depresión, esto cambia.

Por eso no acepté una llamada telefónica de alguien que de antemano sabía que necesitaba mi opinión sobre unas cuestiones laborales. Me costó muchísimo no involucrarme. Me decía a mí mismo: «En primer lugar si [...] necesita ayuda puede acudir a otro, no soy el único "ayudador" de este mundo. Pero además, estoy enfermo, ¡carajo!».

El otro ejemplo es un poco más doloroso contarlo, porque no se trataba de hacer ninguna gestión «sobrehumana», sino que tenía que colaborar con alguien de manera virtual, por correo electrónico. Me negué amablemente, diciendo que no tenía tiempo (cuando podía haberme excusado de cualquier otra forma sin necseidad de recurrir a la mentira). Pero ¿cuál era el problema?: si ocupaba mi tiempo en realizar esa colaboración iba a preocuparme y esto lo sabía de antemano. Que llegaría, sin poder evitarlo, al consabido encadenamiento de pensamientos negativos que me ponían tan mal. Por eso de alguna forma estaba empezando a asumir que no estaba en condiciones de ayudar a nadie. *La mayor ayuda que tenía que organizar era hacia mí.*

El cabo de Hornos

Quiero terminar este capítulo con un poco de humor e ironía. Hay una frase que hizo pública un personaje muy conocido del país en el que resido y que muchos cómicos usan como coletilla intentando confirmar el final de un camino difícil, duro y agotador con el inicio de otro más placentero.

Dicen: «¡Hemos cruzado con éxito el cabo de Hornos!». Pues, estimados lectores, les anuncio que por fin empieza la parte más agradable de este libro, la que más voy a disfrutar contando.

Capítulo 6

Una nueva relación conmigo y con el entorno. La depresión y el cuerpo

Al frenar, lentamente, la situación desesperante en la que me encontraba; al tener más tiempo para dedicar a la enfermedad; al hacer efecto, poco a poco, la medicación que había comenzado a tomar y, muy especialmente, al empezar a aceptar que me encontraba enfermo, comencé a ocuparme de mí. Inmediatamente me di cuenta de que hacía muchísimo tiempo que no lo hacía. Esto en sí ya es algo fuerte de reconocer. Admitir que uno no se cuida, que no hace nada (o muy poco y mal) por mantenerse sano es toda una revelación. Es lo mejor que nos puede pasar en un momento determinado de nuestras vidas. Puede que terminemos echándonos la culpa a nosotros mismos de esto, pero es imprescindible enfrentarse a preguntas incomodas para comenzar a cambiar.

Me preguntaba: «¿Estoy ocupándome de mí, aparte de todas las demás cuestiones? ¿Soy un egoísta si me ocupo de mí?». Las respuestas a estas preguntas son obvias, pero no quiere decir que nos las respondamos de manera sana y honesta. Muchas veces cometemos el error del autoengaño y nos contestamos lo que deseamos oír y no lo que realmente es. *Que nos ocupemos de nosotros mismos es la mejor forma de ocuparnos de todo lo demás, porque cuanto más saludables nos encontremos mejor responderemos a nuestros compromisos y obligaciones, y a la vida en general.* Es evidente entonces que, después de todo lo dicho, tenía que revisar la relación con mi persona, con mi propio ser, que claramente estaba dañada. Al mismo tiempo, replantear mi relación con el entorno, en primer lugar con mi familia, siguiendo con mis ocupaciones y con el mundo en general.

Nuestro primer amigo o amiga, hermano o hermana, nuestra primer referencia o nuestro primer maestro al que reconocemos en algún momento de la infancia es la relación con nuestro ser; esa es la base de nuestra propia vida y es la explicación y el sustento de quién y cómo somos. Si es equilibrada, tendremos una vida íntegra, con los altos y bajos lógicos que tiene el estar sobre esta Tierra, pero con todas nuestras capacidades y sensibilidades a pleno rendimiento. Pero si es convulsa, está rota o descompuesta, tenemos problemas, serios problemas. Habremos visto infinidad de ejemplos en nuestra vida, en películas o en historias que nos habrán contado en las cuales vemos personas a las que se les rompió su diálogo interior, personas que viven atormentadas con su propia existencia. Estas personas, sea por el motivo que sea, tienen una distorsión, y un maltrato en el vínculo con su propio ser y también hacia sí mismos.

Esto es lo que a mí me sucedía. Había roto el nexo conmigo mismo. Tenía que recuperar la comunicación, especialmente sana, honesta y sincera con mi ser. Establecer puentes nuevos que me permitieran una nueva relación. En este punto es donde entró en juego la comprensión, una cualidad que había perdido. Comprendí que debía quitarme de encima los pensamientos negativos sobre mí mismo. Reconocer cómo funcionaba el proceso del pensamiento automático y de su influencia dolorosa en mi persona. Aprovechar lo que iba aprendiendo en terapia y lo que leía en los libros que utilizaba de apoyo.

De la misma manera en que el prisma con el que me veía a mí mismo aparecía distorsionado, también lo estaba con el exterior. Los compromisos, las obligaciones, las ocupaciones o las relaciones personales con mi familia, amigos o demás personas (como aconteció con los abuelos-clientes) con la enfermedad se habían transformado en «estresores», para mí eran problemas. También tenía que interpretar mi entorno desde otra óptica. Durante esos días la palabra y el concepto *estresor* comenzó a tener un significado especial para mí. Algo que se fue explicando al transcurrir el tratamiento. Entonces, al recuperar poco a poco la comprensión, fui dándome cuenta de que para curarme necesitaba incorporar una nueva forma de interpretar la realidad, o de recuperar la que había perdido. Una nueva, o recuperada, forma de interpretar los pensamientos, los sentimientos, las sensaciones y de tratar el vínculo con las situaciones de la vida. La comprensión completa me llegó con la trilogía (que explico en detalle en el capítulo 7), clave principal por la cual me recuperé. Pero hubo un paso previo, que fue establecer un cambio con mi cuerpo y con mis sensaciones. Buscaba tranquilizarme. En este proceso también incluyo una mirada nueva a la forma de alimentarme. Es lo que cuento a continuación.

El cuerpo y las sensaciones

Para comenzar, de verdad, a cambiar la relación conmigo necesitaba ocuparme de mi salud física. Mi cuerpo era un afectado directo de la dolencia que vengo relatando. Está claro que sin nuestra herramienta más importante no vamos a ningún lado. La salud física es determinante y condiciona un estado de ánimo, por eso la incluí entre mis prioridades. Durante el transcurso de la depresión sufrí síntomas físicos muy molestos. Estos no me permitían lograr la tranquilidad necesaria para abordar las causas de la enfermedad. El malestar por los dolores de mi cuerpo producían sensaciones desagradables que terminaban ayudando a que se reprodujeran los malos pensamientos, que eran mi martirio. Un círculo vicioso interminable para mí. Por esto necesitaba calmar a mi cuerpo, darle un descanso de tanto sufrimiento. Por otro lado, sacarlo de ese círculo y reprogramarlo, si es que este término puede resultar aceptable.

Tenía que orientar mi organismo hacia otras ocupaciones que no fueran hacer de soporte a la depresión. Tiempo después de superar la enfermedad me di cuenta de que este había recibido toda la carga antinatural y perniciosa que produce la depresión. Pude comprobarlo cuando los dolores físicos y muchos de los síntomas relacionados desaparecieron tras el tratamiento. Era imperioso, por tanto, tratar a mi cuerpo de una manera distinta, una forma que lo pusiera en primer plano.

Además de seguir las recomendaciones de mi terapeuta, y del médico de cabecera, me guié un poco por mi propia intuición. Tenía la íntima sensación de que hacer ejercicio físico me ayudaría. Las sensaciones que percibimos por el solo hecho de decirnos a nosotros mismos que vamos a hacer algo para ayudar a nuestra salud física ya son positivas en sí mismas. Para iniciar un tratamiento así es un buen camino. No hay que olvidar, en ningún momento, que hablamos de alguien con depresión, alguien al que todo le cuesta muchísimo más.

Relajación

La terapeuta me fue entregando grabaciones con distintos ejercicios de relajación para escuchar. Para mí significó todo un avance en el tratamiento, porque me mostraba que algo más se podía hacer y que no todo era «interpretar» las cosas, o comprenderlas. Al principio me pareció una rareza dedicar tiempo (10, 15 o 20 minutos, a veces un poco más) a estar sentado o acostado tratando de escuchar las grabaciones. Encontrar una motivación para hacerlo no me resultaba fácil. Porque al principio era escéptico y no confiaba en que me hiciera efecto. No porque pensara que me iba a perjudicar, sino porque sentía que no iba a hacerme nada de nada. Pero además no vivía muy bien «mis pérdidas de tiempo», porque todavía no me daba cuenta de que cuidarse no es perder el tiempo. Por todo esto al principio no me gustaba hacer estas relajaciones.

Me costaba entrar en el sentido mismo de esta práctica, que consiste en *dejar que los pensamientos sigan su curso sin ocuparnos de ellos*. Centrar la mente en un punto de nuestro cuerpo, como puede ser la respiración, un brazo, una pierna, etcétera, me resultaba muy complicado al inicio. Se me llenaba de agua la boca. Pasados unos minutos, sentía la boca llena y, justamente, me impedía relajarme. Por otro lado, me interrumpía el temblequeo de la mandíbula, que creo que era una derivación de lo que relaté como síntoma físico en la primera parte del libro. Muchas veces no elegía bien los momentos. No sabía cómo llevar el proceso y me distraían los ruidos en mi propia casa o de fuera. Pero seguí intentándolo, hasta que llegó un momento en que me empezó a hacer bien. Comencé a sentir los efectos positivos.

Hay un ejercicio que consiste en palpar el «hormigueo», en una parte del cuerpo. Como si se durmiera un pie o un brazo pero manteniendo la percepción. Lo que sentimos es la sensación de cosquilleo muy característico. No es por falta de circulación, sino porque esa parte del cuerpo se está relajando. Los músculos se destraban de su contracción. Esta sensación comienza al principio en un brazo y luego se va desparramando a otras partes del cuerpo.

El primer día que lo aprecié, además de relajarme, sentí que había ganado una batalla. Era importante para mí comprenderlo, y asimilarlo, porque indicaba que mi tratamiento iba bien. Después de eso, el resto del tiempo fui avanzando y avanzando. Alcanzando algo esencial, que es introducir la relajación como algo habitual de mi vida. Esto es muy importante para el tratamiento y para una futura vida sana. Me di cuenta de que, aun con una vida muy ajetreada, podía practicarlo en cualquier momento del día. Una vez que se aprenden los conceptos básicos, se pueden hacer relajaciones cortas de tiempo (de 1 a 10 minutos). Incluso si estamos realizando cualquier otra actividad, porque no es incompatible. Evidentemente, para hacerlas más extensas y profundas sí se necesitan por lo menos 15 minutos. Logré descansar, ponerme a cero en algunos momentos y recuperar el sueño sano. Practicaba la relajación unos minutos antes de acostarme. Comencé a ganarle al insomnio y el tiritar desapareció completamente después de un tiempo. Los efectos positivos se hacían ostensibles.

Por lo dicho, la relajación me permitió dar un paso importante hacia adelante en el tratamiento, un paso que atacó de lleno algo que no iba a poder superar sin ayuda y que era el absoluto desapego, y la falta de respeto, hacia mi propio cuerpo que venía soportando. Actuó como el disparador para darme cuenta de que, si no cambiaba, en cualquier momento me iba a suceder algo grave o irremediable. Sirvió de «cable a tierra», porque me permitió dejar de analizar y comenzar a sentir. Esto es algo que un depresivo necesita «como agua de mayo» (expresión española). Este era mi caso.

Percepción

Siguiendo con la intención de volver a conectar con mi cuerpo, realicé otros ejercicios que me ayudaron a recuperar las sensaciones más primarias, a volverme a encontrar con mis sentidos básicos (el olfato, la vista, el oído y el tacto) desde un lugar de calma. La reprogramación (sé que esta palabra puede ser polémica en términos de salud mental, pero me sirve para la explicación que quiero dar) o el *reset* de mi organismo estaba en marcha.

La depresión hace que todos nuestros sentidos sufran. Lo notaba al caminar (como conté en algún momento en la parte I). Me sentía muchas veces impedido, como dentro de un túnel. Otras veces pesado, poco ágil. El objetivo de los ejercicios de percepción era volver a que los puentes con mis sentidos se restableciesen. Los sentidos son las pantallas por donde el cuerpo se entera de las cosas y a través de esto nosotros podemos percibirlo. La depresión pone cubiertas a estas pantallas. Por eso realicé ejercicios distintos con la intención de tocármelos, si vale el término. De volver a la realidad con ellos. Dejar de pensar en el pasado y en el futuro y concentrarme exclusivamente en el pensamiento presente. Practiqué un nuevo conocimiento, que aprendí con los libros y en mis charlas con la terapeuta, que es la «atención plena en el momento presente». Me ayudó a entenderme mejor con mi cuerpo y comprobar cómo antes lo torturaba. A continuación cuento algunos ejemplos que me fueron muy bien.

El primero de ellos consistía en percibir todos los detalles de una pasa de uva. Al principio me pareció una tontería, pero como la idea era «practicar» conmigo seguí adelante. Se basa en cuatro pasos:

1) Primero tenía que encontrar un momento de tranquilidad en el que me pudiera sentar relajadamente con una pasa de uva en mis manos y centrar mi mente absolutamente en ella. No pensar en otra cosa que no fuera la pasa de uva.

2) Seguidamente tenía que palpar, tocar, sentir todos pliegues de la pasa, sus detalles y características, con la intención de hacerme una idea exacta de todo su contorno. Buscaba que toda mi atención estuviera en el proceso.

3) Después me ponía la pasa en la boca y comenzaba a degustar los jugos que pudiera desprender. Esto sin la ur-

gencia de comérmela de inmediato, sino con la intención de conectar con mi gusto, darle tiempo al acto de comer y suavizar el sentido. Me di cuenta de que muchas veces no masticamos con paciencia sino que deglutimos. Y esto se opone a una buena digestión y, por tanto, es malo para la salud.

4) El último paso era tragarme la pasa con la idea de la tarea cumplida, de sacar las conclusiones. Estas eran muy simples pero a la vez contundentes: me volvía a conectar con el gusto, con el tacto, y me ayudaba en la concentración. Además me hizo pensar en cómo mejorar la forma de alimentarme.

Otro ejercicio muy interesante que hice fue grabarme hablando y luego escucharme. Elegía algunos malos pensamientos (los que quisiera) y trataba de explicarlos en voz alta, a la vez que me grababa. Luego, en otro momento, me escuchaba explicando los argumentos de esos pensamientos. No era válido que me hiciera trampas a mí mismo, sino que era muy importante ser lo más sincero y realista posible. Por ejemplo, mientras estaba sentado en el sofá, me decía a mí mismo: «¡Cuánto tiempo estuviste inútilmente tirado ahí! No tienes remedio, eres un vago» (cuando me reprochaba algo lo hacía en segunda persona). No lo estudiaba sino que me lo repetía, exactamente como lo había pensado, en voz alta. Trataba de darle la entonación justa a cómo sentía el pensamiento. No es lo mismo decir: «Soy un vago» dando pena, que decir «Soy un vago» afirmándolo como la verdad más absoluta.

Lo primero que me ocurría al hacer esto era lo mismo que con el resto de los ejercicios al principio: me sentía estúpido. Pero luego, a fuerza de repetirlo, descubría que lo que oía no se correspondía con esa realidad. Este perdía sustento, dejaba de tener base, ya no lo sentía igual. El propósito de esta práctica es muy claro: que los malos pensamientos pierdan su poder. Y lo conseguía.

Y el último ejercicio de percepción que recuerdo era una prueba muy divertida que hacía con los espejos. El objetivo era que pudiera observarme de cuerpo entero, o también la cara en los momentos en que pudiera. Para hacer esto me iba al ascensor de mi domicilio, donde hay un espejo que me permite verme de frente y de espalda. Tenía que preguntarme sobre quién soy y qué quiero de la vida. Y por otro lado, mirarme, reconocerme, hacer un «paneo» de mi aspecto físico, pero incorporando, pasado un instante, los pensamientos negativos y cómo me veía con ellos en mi mente. Esto fue muy fuerte. La cara, los ojos, la expresión en general me cambiaba mucho. Aunque suene increíble es así. Dolía verme.

Tras mi recuperación, me encontré con una persona que había tratado conmigo mientras estuve enfermo y a quien no había vuelto a ver desde entonces. Mientras le comentaba las influencias de la enfermedad en mi persona, este amigo me dijo: «Tus ojos siempre estaban desorbitados, parecías un loco (sin ofender)». Este detalle lo cuento porque es todo un indicativo de cómo la depresión me transformaba. Por otro lado, me costaba horrores observarme a mí mismo. Hoy no puedo saber si me avergonzaba, me sentía inútil con el ejercicio o muchas veces me dominaba la rabia. Lo que puedo recordar es el impacto de verme, de descubrir detalles. Porque vernos nos vemos todos los días, pero no con ese detalle ni con esa intención. Sentirme, fijarme en mi rostro y en mis ojos después... Me sirvió de mucho hacer esto.

Actividad física, alimentación

«Hacer gimnasia, caminar, nadar, comer sano…» había escrito en algún sitio, como para explicarme a mí mismo lo importante que fueron estos aspectos en mi curación. No llegaré a contar todos los pormenores. Sin embargo, tengo la pretensión de que se pueda apreciar, por un lado, lo difícil que resulta emprender algo teniendo depresión y, por otro, el poder terapéutico de la vida sana.

Comer

En uno de mis apuntes-ejercicios hice un dibujo-caricatura que explicaba mis pensamientos y sentimientos referidos a mi preocupación por el estado físico. En especial por cómo venía alimentándome. Decía: «Situación que me preocupa: mi gordura: si no me cuido, seguiré engordando».

Evidentemente me preocupaba mi talla y no aumentar de peso. Pero lo que no veía es que no llevaba ningún control de lo que «me metía» en el cuerpo. Hasta que no empecé a revisar esto seguí malcomiendo. Tanto sea por mi trabajo, por la ONG o por no haberlo controlado nunca, me encontré con que no tenía una dieta más o menos sana a la que echar mano. Los momentos de inestabilidad emocional, como los brotes de enfado, los periodos de desgano, la ansiedad muy marcada, etcétera, los «saldaba», o mejor dicho intentaba saldarlos, con copiosas comilonas o engullendo dulces de manera insaciable. También me di cuenta de que si comía copiosamente de noche, al día siguiente tenía molestias estomacales y malestar; de que el hambre me llegaba de forma disparatada; de que no tenía regularidad de horarios con la comida y no le podía echar la culpa al trabajo. Verifiqué que consumía muy pocos productos naturales. En cambio, ingería gran cantidad de fritos. Confirmé que alimentarme era, como con el resto de mi salud hasta ese momento, algo que no contaba con mi atención. Comer era como fichar en el trabajo, algo automático, algo no meditado ni elaborado. Volvemos a lo mismo: como con las otras cosas, estaba en peligro. Tenía que hacer algo. Era volver a empezar. Por todo esto inicié un proceso de replanteo alimenticio, que todavía continúo y que me llevó a alimentarme mejor y más sano.

Caminar

Salir a caminar también formó parte de recuperar la vida saludable. Pero, como vengo relatando, también me costó encontrarle el sentido. Siempre había considerado que hacer esto era algo placentero. Sin embargo, con depresión me sucedía, como relato en el ejemplo de la ducha, que mi mente inmediatamente se llenaba de pensamientos negativos. Al salir de casa hacia la calle me inundaba una sensación de agobio que todavía no logro entender. Obviamente que era un síntoma, pero esta sensación no llegaba cuando tenía que desplazarme por alguna gestión o por trabajo, sino cuando me decidía a salir a caminar por placer o con la intención de relajarme. A veces no era inmediato. Pasado un rato parecía que entraba en un túnel, y me sentía ahogado y me obligaba a volver a casa.

Por eso me llevó un tiempo lograr que esta actividad tan normal de la vida y de las personas encontrara un sitio en mi recuperación. Muy cerca de mi domicilio hay un río con un par de puentes que lo cruzan y un paseo muy bonito de recorrer. Esos meses que duró la baja médica me fui muchas veces a pasear por allí. Sin rumbo, que es lo que más me gusta, y lo volví a valorar como una de las delicias que tiene la vida.

Gimnasio, natación

El gimnasio y la natación fueron dos de las actividades que más me terminaron gustando del proceso del tratamiento. Siempre había sido alguien a quien la actividad física, bien por trabajo o bien por placer, le gustaba o no le era indiferente. Tal vez porque tuve preparación de infante de marina durante el servicio militar obligatorio o porque en algún momento jugué al fútbol, lo cierto es que hacía muchos años que no practicaba ningún deporte. Por todo eso tenía la duda de qué tenía que hacer. En ese tiempo los interrogantes, y más con actividades nuevas, eran muy difíciles de encarar para mí. Después de innumerables charlas con mi familia y amigos, y de buscar por internet información sobre deportes varios, no llegaba nunca a ninguna conclusión. Hoy me causa mucha gracia esta situación, pero en esa época era un martirio tomar una decisión.

Después de muchos cabildeos me decidí por un gimnasio en la zona donde vivo. Pretendía que fuera completo, con piscinas para practicar natación, y que no estuviese muy lejos de mi casa, que para llegar a este sitio no tuviera que desplazarme demasiado y, a ser posible, no tener que echar mano al coche. Soñaba con ir andando un buen rato, en bicicleta o trotando antes de la actividad física o tras esta. *Mi intención era no fallar en la elección.* Necesito remarcar esto porque la autopresión que soportaba ante este asunto era insoportable.

Aun así, después de inscribirme pasaron varias semanas antes de empezar a ir. Lo tuve que tratar en terapia. El hecho de entrar al lugar y encontrarme con otras personas practicando algún ejercicio físico era un escollo insalvable, no lograba superarlo. Pero me llevé la sorpresa de que a ese sitio iban personas de todas las edades y condiciones y eso me gustó, me ayudó para quitarme parte de los miedos. Al principio, como no estaba familiarizado con la práctica en un lugar así, pasé verdaderas vergüenzas porque no lograba entender el sistema, ni cómo funcionaban los aparatos de gimnasia. Lo mismo me ocurrió con la natación. También algo muy extraño, porque el agua siempre me gustó, y hacía muchísimo tiempo que quería practicar natación. En este tramo se me ocurre algo que apunto en la parte IV: qué bueno sería que hubiese un «manual de procedimientos» para relacionarse con depresivos. Porque algo tan sencillo se transforma en algo infranqueable. Las conversaciones previas, las de recibir las indicaciones y todo el proceso, eran como en los diálogos de las películas de Woody Allen. Una persona demasiado expuesta a preguntar todo, hasta lo más insignificante, y a la vez que se disculpaba constantemente. Me sentía un «plomo», un pelmazo.

Una vez que pude salir de esa mala situación empecé a descubrir que estaba vivo, que hacer gimnasia o ir a nadar era un placer y que resultaba un aliciente para recuperarme. Me sentía mucho mejor conmigo mismo y con mi cuerpo y durante esas prácticas pensaba más positivamente. Hice un montón de ejercicios donde trataba cuestiones complicadas de mi vida y mientras, al mismo tiempo, practicaba alguno de los entrenamientos que iba aprendiendo. También usé la relajación y la atención plena combinada con gimnasia. En definitiva, le encontré una motivación muy importante, además de la saludable.

He nombrado otros aspectos muy valiosos en mi cura de la depresión, pero esto no quita valor al deporte. En mi caso terminó siendo, además de un soporte muy fuerte para librarme de la enfermedad, una manera de ver la vida y una forma de estar mejor en esta Tierra.

Capítulo 7

La trilogía:
en busca de una nueva
forma de interpretar

Siempre hay alguien que nos acompaña a salir de una situación difícil, y que nos auxilia con nuestras dudas e incertezas. Puede ser un familiar cercano, una amiga o un amigo, o alguien que sabe del asunto tratado y nos guíe. Siempre hay alguna actividad que, *a priori*, sabemos que nos sirve de sostén para aclarar nuestra mente, como puede ser caminar, relajarnos, escuchar música, bailar, andar en bicicleta, etcétera; aquella iniciativa que cada uno elige para autoayudarse. Siempre hay algo así en nuestras vidas. Así como, invariablemente, al acudir a un hospital nos prescriben algo para curar nuestros dolores, no siempre tenemos a mano algo o alguien que nos ayude a comprender, o también vale decir *adivinar*, por qué sufrimos, por qué nos comportamos de tal o cual forma y no salimos del dolor que nos produce una depresión. Porque no sabemos que la tenemos, o porque a quien acudimos no sabe ayudarnos, o porque, sencillamente, nos acostumbramos a vivir con ella. Como digo en algún apunte de mis notas: «Me gusta sufrir, me gusta sufrir».

Esta enfermedad es tan puñetera que hasta puede que no veamos salida por ningún lado, que le endilguemos la causa de nuestros sufrimientos a cuestiones como la crisis, los problemas de este mundo, los problemas de pareja, nuestros hijos, nuestros padres, las enfermedades, a si nuestro equipo se convirtió campeón o no. Los condicionantes de nuestros sufrimientos son reales, no los voy a negar desde ningún punto de vista. Pero la diferencia entre sufrir por cualquier causa, por muy dolorosa que sea, pero externa a nuestra voluntad, y ser nosotros mismos los causantes de nuestro padecimiento, es abismal. La depresión es la causante de esta situación. Se trata de descubrir por qué sucede esto.

Cuando al principio de la parte II sugerí explicar aquello que me había impactado y que me había resultado novedoso, como forma para entender los porqués de mi enfermedad, concluí diciendo que esto era la trilogía, aquello que aportó las respuestas que venía buscando y que en mi historia personal resultó tan determinante. Utilicé una alegoría, obviamente, con la intención de remarcar tres aspectos igualmente importantes en la explicación que quiero dar.

Como ya he dicho, en cierto momento descubrí que *para curarme necesitaba incorporar una nueva forma de interpretar la realidad*. Esto comenzó a partir de poner una atención especial a mis pensamientos, sentimientos y situaciones de la vida. Y luego la relación entre ellos. Me di cuenta de que un pensamiento era la causa de una acción, un movimiento o una determinada postura. Que tal pensamiento podía ponerme obligaciones y determinaba, en definitiva, lo que iba a pasar conmigo. Debía comprender que determinado razonamiento produce una acción o una situación determinada. «Pienso, luego actúo». Aun siendo muy obvio, mientras sufrimos una depresión descubrir esta verdad, y las siguientes, es muy importante, porque nuestro vínculo con «el pensar» es, desde todo punto de vista, traumático. Entonces, a partir de aquí, di un primer paso para recuperar mi cordura.

La siguiente revelación esclarecedora fue: «Pienso, luego siento». Por tanto, un pensamiento genera un sentimiento o una sensación. O sea, que si se me cruzaba por la cabeza, por ejemplo, «Mi hijo está en peligro», inmediatamente me iba a surgir un sentimiento o una sensación, en este caso horrible. Del mismo modo, pude apreciar la situación inversa: sentir algo origina algo que pensar. «Siento, luego pienso». Descubría la relación entre pensar y sentir, determinante en la vida de las personas. Y, para completar el cuadro, me quedaba una última relación por descubrir.

Me di cuenta de que a cada reflexión o sentir le correspondía una situación, circunstancia o acción, que también se daba a la inversa. Me sorprendía al ver que una situación concreta era la causante de mis pensamientos, en especial de los negativos, que son los que trato aquí, y a causa de esto llegar a la angustia o al síntoma que fuera. A cada análisis que hacía de alguna de mis cuestiones dolorosas le iba encontrando una explicación utilizando la trilogía. En definitiva, *se iba transformando en la medicina que estaba buscando para mi curación.*

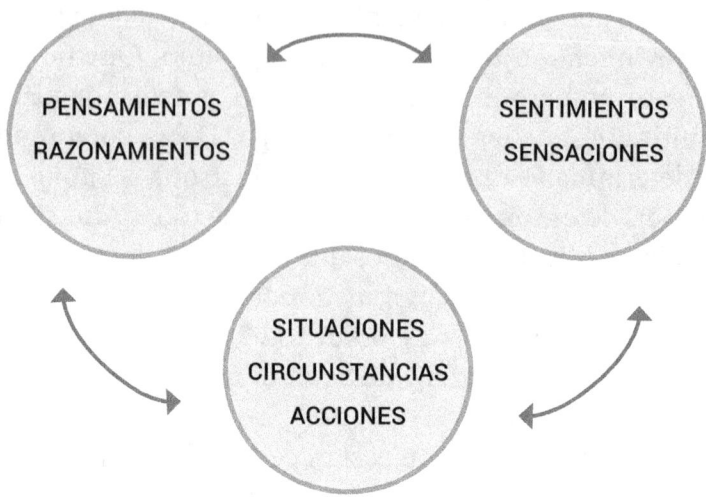

A partir de aquí todo comenzó a tener sentido. Mi terapia avanzaba en cada sesión. Entresemana iba dando pasos concretos y comprendiendo mi sufrimiento. Poco a poco, las explicaciones de las cosas y de mi realidad, a través de este descubrimiento, permitían ir quitándome los malos pensamientos.

Fue un proceso largo, pero cada paso era firme. Como cuando nos extirpan algo malo de nuestro cuerpo, duele «el mientras tanto», pero nos consolamos al saber que a partir de ese momento el dolor va a ir remitiendo. A medida que van pasando los días vamos confirmando nuestra curación.

En este punto del relato me parece indicado decir que no llegué a la trilogía por casualidad, sino que lo hice como consecuencia de aspectos muy importantes que quiero señalar:

- **El diálogo con la terapeuta.** Durante todo el tiempo con depresión mantuve un fluido intercambio con la psicóloga para establecer la forma de curarme. Fue a través de esas charlas como comencé a discernir que había algo que explicaba mi sufrimiento. El concepto, y el término, «estresor» tratado en esos encuentros quedó clavado en mi mente y me sirvió después. Lo mismo que las explicaciones en bosquejos de papel que utilizábamos en las sesiones para que comprendiera algún aspecto.

- **Los libros que leí durante la terapia,** y que todavía sigo utilizando. En ellos encontré no solo respuestas, sino algo más importante todavía: me di cuenta de que la medicina no solo se aplica a través de los medicamentos que podemos ingerir o que nos pueden proporcionar, sino que hay otras formas de recibir cuidados médicos. Esta es una de ellas. Me alegra haberme topado con esos textos durante aquel proceso.

- **Los ejercicios** que hice, tanto sacados de los libros como los facilitados por la psicóloga. Eran como deberes (como ir a la escuela) que, además de clarificarme y abrirme la mente, me hacían más divertida la terapia. Son el basamento de mis cuadernos de apuntes. Se me ocurre una broma recordando una frase de películas y series, los ejercicios son: ¡mi tesoro!, como decían los personajes. Tengo un especial cariño a esas notas dispersas y desordenadas en las cuales me zambullía para trabajar conmigo mismo.

- **La decisión de búsqueda** que me mantuvo con la exigencia durante todo ese tiempo y que no puedo dejar de mencionar. En otro sitio del libro comento que hace falta un sentimiento de esperanza que nos ayude a salir del dolor. *En mi caso era la terquedad, bien entendida, de no querer estar enfermo.* Intuía que si no me involucraba en la comprensión, en observarme, en «usarme» de conejillo de Indias para los ejercicios y demás, no me iba a curar. Sentía muy fuerte en mi interior que la medicina de los libros y las conclusiones de la terapia las tenía que aplicar en mi persona; que de esa manera iba a salir del infierno en el que había entrado. Creo que fue fundamental querer saber por qué sufría. Si no hubiese tenido esa curiosidad, creo que todavía estaría enfermo.

Los siguientes son ejemplos de trilogías negativas y dolorosas. Y le agregué un ejemplo positivo, o neutro, para comparar.

Ejemplo 1
Pensamiento: «¿Podré vivir con lo que hago desde ahora y para siempre?». Tenía dudas de poder ganarme la vida con ese trabajo.
Sentimiento: «Todo se mueve bajo mis pies. Dudas, incertidumbre, inseguridad».
Situación: «Organizar el trabajo». Tenía que hacer muchas horas y si no me las ordenaba, seguramente, tendría que trabajar más y perdería dinero.

Ejemplo 2
Situación: «Mirar desde *afuera* en supermercado». Constataba, desde la acera, si había mucha gente para decidir si entraba o me iba a otro sitio.
Pensamiento: «Alguien me puede preguntar qué hago, que eso no se hace». Pensaba que podría venir alguien a recriminarme.
Sentimiento: «Miedo, vergüenza». Sentía que estaba haciendo algo malo y, por tanto, me sentía mal.

Ejemplo 3
Sentimiento: «Culpa, obligación». Sentía que estaba obligado a cumplir con esas personas, aunque no tenía ninguna deuda ni económica ni moral con ellas.
Situación: «Ayuda a personas que acaban de llegar de otro país». Según ese sentimiento, tenía que organizar su llegada y conseguirles una vivienda.
Pensamiento: «Van a pensar que no hago lo suficiente por ellos». Mi conclusión era que iban a pensar mal sobre mi persona en cualquier caso, hiciera lo que hiciera.

Ejemplo 4 (positivo o neutro)
Situación: «Playa, verano, tumbado sobre la arena observando el mar». Momento relajante, de disfrute.
Pensamiento: «Qué hermoso color azul verdoso tiene el agua, qué suaves son las olas, qué olor atrapante desprenden». Pensamiento fresco y tranquilo.
Sentimiento: «Me gusta, me hace sentir bien con la vida». Plenitud, agradecimiento de estar vivo.

Me sorprendía comprobar que esta forma de interpretar me permitía cambiar el sentido a los pensamientos, lo cual podía lograr hacerme sentir distinto generando, asimismo, diferentes situaciones. En el ejemplo de la playa podía pensar: «¡Cuántas personas habrán muerto en barcos que se hundieron!», y pasar de una situación agradable a sentir y preguntarme, de muy mala manera, por qué fui ese día hasta la costa.

La relación de la trilogía cambia si lo hace cualquiera de sus partes. Sin embargo, en la vida cotidiana no siempre podemos registrar qué es cada cosa, no tenemos el tiempo para que esto suceda. No pensamos o sentimos «mecánicamente» sino que hacemos todo a la vez, de forma integral o complementaria, si es el caso. Por eso, para comprender las causas del sufrimiento de esta enfermedad me pareció imprescindible realizar una explicación por separado. De esta forma podemos desglosar y verificar cómo actuamos ante cada aspecto y que esto nos sirva para la comprensión más completa.

Capítulo 8

Pensamientos

Al ir recuperando lentamente la capacidad de observación pude comenzar a ocuparme de mis pensamientos y de la calidad de estos. Es evidente que pensar nos define como seres humanos: si no existiera el pensamiento, no seríamos lo que somos. Pero con depresión estos se encuentran enmarañados de tal forma que muchas veces no cumplen su función, que es orientarnos a una vida feliz o satisfactoria. Cuando más extraviados los tenemos, más nos acercamos a subsistir, a sobrevivir y no vivir. Por eso un pensamiento sano, firme y transparente es síntoma de buena salud y vida plena.

Al observar mis pensamientos descubrí que no tenía control sobre ellos, que mi voluntad no valía como en otros años. Me costaba mucho guiarme y razonar. *Había perdido mi libertad con respecto a la decisión de qué pensar.* Esto es muy grave. Desde mi punto de vista es lo más difícil de entender o de descifrar tanto para el que lo sufre como para el psicólogo o psiquiatra que lo esté tratando. Más difícil lo tiene todavía el resto del mundo, que tiene que lidiar con un enfermo con depresión. Durante ese tiempo, al hacer el esfuerzo de intentar dirigir mis intenciones, lo que conseguía era lo contrario, perdía el control. Me gusta utilizar un ejemplo de un juego que se hace en mi pueblo: «el palo enjabonado». Consiste en tratar de llegar a un premio que se encuentra en lo alto de un poste que está embadurnado de jabón. Por tanto, es extremadamente resbaladizo. Pero además de divertido, y rebuscado, es que el palo por el que hay que tratar de subir está sobre una barcaza en el mar, o sea, moviéndose al son de las olas todo el tiempo. Llegar arriba en esas condiciones es casi imposible. Lo intentas, lo intentas y lo intentas, y terminas cayendo. Y esto es comparable con lo que vengo sosteniendo sobre los pensamientos con depresión. Intentaba razonar de una forma determinada pero la idea se me escapaba. Y encima lo que seguía a esto era un reproche o la culpa. Eso hace que uno se sienta derrotado antes de empezar. Es comprensible frustrarnos una y otra vez. Los argumentos que luego me daba a mí mismo, en general, siempre eran negativos o condicionados. Por eso, obtener un pensamiento sensato y sano se me hacía casi imposible.

Me preguntaba en un ejercicio: «¿Crees que piensas por ti mismo?». Y la respuesta era: «No» (rotundamente no, agrego ahora).

Las situaciones me imponían preocuparme por ellas. Muchas veces me «atacaban mis pensamientos», como digo en otro sitio. Los estresores o estímulos externos no los podía evitar. Con la enfermedad todos o casi todos los acontecimientos eran estresores. Es muy evidente que si no salía de esta realidad no iba a poder curarme, por tanto, necesitaba urgentemente encontrar una relación distinta con la forma de razonar. Para conseguir ese cambio trabajé mucho en «destripar» mis pensamientos, les quité la carga de nervios que me producían y los analicé detalladamente para poder encontrar esa nueva forma de entenderme con ellos. De estos ejemplos y ejercicios copiados de mis notas surgió una explicación que me parece útil para lograr ese cometido. Se apoya en tres momentos: observar, catalogar y relativizar-interpretar de nuevo. Eso permite seguir la pista al pensamiento, analizarlo con calma para hacer que tenga en nosotros la influencia sana y natural que deseamos.

Momento 1: aprender a observar, contemplar

SACANDO PENSAMIENTOS DE MI CABEZA
Y PONIÉNDOLOS EN UNA MESA PARA OBSERVARLOS.

Observar es algo que no hacemos habitualmente. Tampoco a nosotros mismos. Y mucho menos habitual es hacerlo con nuestros pensamientos. Ahora bien, cuando lo hacemos, lo usual es advertir (y calificar) el momento posterior, a su consecuencia, no al pensamiento original. Por eso muchas veces nos preguntamos por qué pensamos de tal o de cual forma, cómo llegamos a esa idea o conclusión. Utilizar la observación como forma de recuperar nuestra verdadera y sana forma de pensar es un paso imprescindible. *De lo que se trata es de aplicar la percepción, la contemplación, a lo que pensamos pero sin ninguna intencionalidad, de forma neutra.* Dicho de otro modo: sin opinión. Es complicado al principio, pero se puede conseguir. Además es el camino para recuperarse de esta enfermedad.

Cuando empecé con esto no lo lograba, se me mezclaban los conceptos. No diferenciaba un pensamiento del resto de aspectos (sentimientos, situaciones, sensaciones, etcétera). Fui aprendiéndolo poco a poco durante la terapia. Y hubo dos ideas que me ayudaron y que creo necesario mencionar:

1) Por un lado necesitaba «calmarme», algo que empezaba a ocurrir lentamente. Me daba cuenta, o lo intuía, de que era indispensable para poder iniciar cualquier observación;

2) Por otro lado, asumí que los pensamientos eran, justamente, los que me iban a sacar del sufrimiento que soportaba; por tanto, era algo muy importante *entenderlos.*

Como se puede leer, empleo la palabra «entender» en el párrafo anterior, lo hago en el contexto de la tarea que implica observar. *Pero en ese momento del tratamiento no se trata de entender el contenido de un pensamiento, sino solo observarlo.* Los porqués y los para qué pienso de tal manera o de tal otra no importan. Este detalle es sumamente importante. El hecho mismo de observar permitirá luego comprender. Con depresión no es conveniente hacer ningún intento esforzado de llegar a la raíz de un pensamiento, porque nos llevará a ponernos mal. Espero ser claro. Sé lo que se sufre «tratando de entender». La mejor recomendación en este paso es concluir con calma la observación. A continuación, muestro unos ejemplos para desmenuzar y descubrir dónde está el pensamiento:

- Me dormí y me levante tarde (situación), estaba de baja y enfermo, pero igual sentía que algo estaba haciendo mal (sentimiento: culpa). ¿Cuál era el pensamiento aquí?: «¡Yo pensaba que estaba viviendo de arriba, que el sueldo me lo estaban regalando!».

- Mi hermana me había mandado un mensaje contándome que una gestión que estábamos haciendo juntos le había ido mal. La gestión era para un documento necesario para ella, y mi intención era intentar orientarla (situación). Sentía enfado e impotencia (sentimiento) por no poder ayudarla. ¿Cuál era el pensamiento?: «¿Cómo puede ser que yo, que conozco de estos trámites, no consiga ayudar a mi hermana, ¡a mi propia hermana!?».

- Sentirme mal por no poder hacer todos los ejercicios del tratamiento (vago, holgazán). ¿Cuál era el pensamiento?: «Así no voy curarme, creo que soy un irresponsable por no hacer lo que me indican los médicos y en terapia».

- Me había propuesto inscribirme en un gimnasio y no lo hacía. Sentía miedo, pavor, parecía que iba a la guerra. ¿Cuál era el pensamiento?: «¿Para qué me propongo ir a un gimnasio si no me hago responsable? ¿Y si resulta que me muero al hacer ejercicio? ¡Ya no tengo tanta agilidad física! Es algo muy importante lo que voy a hacer y no puedo ser tan irresponsable».

- Comprar fruta para Navidad. Me ahogaba (desasosiego). Solo pensar en que no iba a poder hacer la ensalada de fruta (algo tradicional en las fiestas navideñas) me causaba sufrimiento. ¿Cuál era el pensamiento?: «Voy a fallarle a mi familia. Todos trabajando y yo de baja. Lo único que tengo que hacer es una ensalada de frutas y no lo conseguiré a tiempo».

Estos ejemplos, y otros tantos, me sirvieron para «desprender», por decirlo de alguna manera, el pensamiento del resto de la trilogía, poder observarlo con calma. También utilicé el ejercicio de grabarme contando alguna preocupación, como mencioné en el capítulo 6. Transcribo un ejemplo: «No he logrado en una semana ocuparme de mí todavía. Me he ocupado de la casa, de la familia, pero no logro concentrarme en mí». Y me preguntaba : «¿Qué es ocuparse de uno? ¿Qué es?».

Este ejemplo aporta varias cosas. Evidentemente, sentía frustración. Y esto a su vez me generaba impotencia y una situación de inacción. Asimismo, demuestra lo que expliqué antes: ver un pensamiento a través de su conclusión. En definitiva, el pensamiento original era: «Yo debo ocuparme de todo (ese "todo" siempre es muy impreciso) y, en ese todo, también tengo que estar yo, ¿cómo no voy a poder hacerlo?».

En la observación no entro a calificar ni a clasificar el pensamiento, ni mucho menos a ver el sentimiento. Observar en frío y limpiamente. En este ejemplo utilizo el habla, lo cual hace que otra parte del cerebro, que no es la del razonamiento, entre en acción. Luego escucho, por tanto, uso el oído, que a su vez desarrolla otra parte del cerebro. Y por último hago un escrito resumen que luego leo. Resumiendo: hablo, escucho, escribo y leo. Todo eso hace que nuestra mente trabaje de una forma más amplia y más abierta, centrada en una observación con menor posibilidad de distorsionarse. Es un ejercicio muy bueno no solo para ayudarnos con la depresión, sino para muchas otras cosas. Al hacerlo varias veces seguidas podía llegar al pensamiento limpio, al original. La idea es llegar al pensamiento «recién nacido», sin pretensión de poner motes, nombres o lo que sea. Ni tampoco valorarlo positiva o negativamente; simple y puro pensamiento, así lo necesitamos para observarlo. Como he contado otras veces, me sentía bastante estúpido al principio, pero a fuerza de insistir, terminó gustándome.

Momento 2: clasificar, catalogar

SEPARANDO PENSAMIENTOS Y PONIÉNDOLES NOMBRE.

Después de aprender a observar los pensamientos pasé a clasificarlos, una tarea que resulta muy valiosa para dar un paso concreto hacia adelante. Necesitaba para esto una explicación de aquellos pensamientos más dolorosos o dominantes durante mi depresión. Después de lo que leí en los libros que me aportó la psicóloga, y lo que fui investigando por mi cuenta, descubrí que hay distintas formas de clasificar aquello que pensamos. Esto es muy útil para comprobar en nosotros mismos la influencia de tal o cual razonamiento. Hay muchos tipos de pensamientos, también distintos orígenes y otras cuestiones referidas a este tema que he podido leer e investigar. Mi pretensión es centrarme en tres tipos de pensamientos, los que descubrí que me imponía la depresión. Por supuesto, todos ellos negativos.

Pensamiento negativo puro: el amo durante mi depresión. Se instaló, dentro de mí, como conclusión de casi todo lo que hacía, sentía o me proponía. Me resultaba muy difícil detectarlo porque lo creía propio, mío. Y luego me costaba horrores quitármelo de encima. Siempre tuve la idea (y así lo sentía) de que se desarrollaba independientemente de mi voluntad, a diferencia de los otros dos que explicaré luego. Era como llevar un chip en mi cabeza que me obligaba a pensar de forma negativa. También se plantaba como espejo o comparación a otro pensamiento. Y me imponía elegir entre él y otro neutro o positivo. Complicaba exageradamente la relación conmigo mismo, y qué decir con el resto del mundo. Porque todo lo impregnaba de una postura de negatividad extrema. O de humor con sarcasmo y acritud. Todo tenía que ser funesto, amargo, malicioso, todo lo negativo que se pueda imaginar. Deformaba completamente mi realidad. *Los pensamientos negativos puros fueron los que hicieron que en algún momento se me pasara por la cabeza el suicidio.* Fueron los que me decían que le debía algo casi al mundo entero y que todo lo que hacía no valía para nada. En definitiva, eran los reyes y señores durante mi depresión. Estos pensamientos encuentran, durante una enfermedad así, toda una amplia gama de colores para desarrollarse. Pueden hacer de nuestras vidas un infierno, del cual nosotros mismos *no somos conscientes por el hecho mismo del camuflaje con que se cubren.*

También hay que decir que podemos sufrirlos cuando estamos sanos. Lo que pasa es que tienen una corta vida y podemos hacer que no tengan una mala influencia en nosotros. Pero con esta enfermedad el pensamiento negativo puro encuentra un sentido y un lugar. Mucha gente vive años con una carga malsana, inhumana y cotidiana de este tipo. En mi caso fui haciendo uso de ellos cada vez más y caí en la depresión. El resultado: una vida amarga y difícil de vivir. Por eso es tan importante darse cuenta del impacto que tienen en nuestras vidas. No es necesario explicar por qué se genera el pensamiento negativo puro sino detectarlo, retirarle el camuflaje. Esto es lo más difícil durante la depresión, pero también lo más importante que hay que conseguir. A continuación muestro algunos ejemplos:

- **Que mis hijos me hagan daño.** «Como me llevo mal con mis dos hijos, alguno de ellos me hará daño de alguna forma» (no era algo físico sino algún tipo de trampa, desconfiaba continuamente).
- **Sensación de vida concluida.** «No me queda nada para hacer de nuevo en esta vida», pensaba que ya había fracasado lo suficiente (mucho que agregar a este pensamiento no tengo).
- **Fracaso con la ONG.** «Como es muy difícil que la ONG consiga más logros, mi participación es un fracaso», (constatar de manera objetiva las miles de personas que con nuestra labor habíamos ayudado era lo mínimo para contrarrestar esta forma de pensar, pero no lo veía así).

Como se puede apreciar, no existe una base real para ninguno de estos pensamientos, son totalmente irreales. Por eso los llamo *puros*.

Pensamiento distorsionado: este razonamiento, tal como lo interpreto, es un desvío o una alteración de un pensamiento neutro o positivo. Tiene una base real. Por eso lo diferencio del negativo puro, aunque no deja de ser negativo. Es producto de algo que tenemos que hacer o una respuesta a una situación determinada o a un sentimiento. Puede nacer de una reflexión sana y volverse seguidamente un mal pensamiento. Por eso lo llamo *distorsionado*. A continuación, incluyo algunos ejemplos:

- **Recoger el papel de la baja médica**. «No me van a dar ese papel porque estoy haciendo algo malo» (vete a saber qué era lo malo, estaba enfermo y no lo aceptaba). Su origen era neutro: «Tengo que ir a buscar el papel de la baja».
- **Realizar gestiones** para entregar información a un grupo de voluntarios que querían retomar los trabajos que la ONG había abandonado pensaba: «¿Cómo es que los dejo abandonados? Tengo que ayudarlos, ¡no van a poder solos!». Con este pensamiento arruinaba una buena situación. Su origen era positivo: «Qué bueno que hay más voluntarios que se quieren involucrar en la ONG».
- **Caminar**. «¿Y si me muero de un ataque al corazón de aquí a la plaza?» (por ejemplo, al salir de casa). «¿Y si me canso de caminar y luego no tengo cómo volver?». «Por qué me siento tan mal, parece que el cielo se me cae encima». Su origen es positivo: «Voy a caminar un rato para despejar la mente y respirar aire puro».

Como se observa, los pensamientos distorsionados nacían de otro que no era malo ni negativo, sino por el contrario. Pensar con normalidad sufriendo de pensamiento distorsionado era muy complicado, ya que cualquier aspecto o circunstancia podía transformarse en negativa con el consabido sufrimiento.

Pensamiento automático: como su nombre lo indica, este es aquel en el que menos utilizamos el razonamiento. Da respuesta instantánea a las condiciones de nuestro entorno y es la primera respuesta a un sentimiento. Es el pensamiento rutinario en otros sentidos. Es el que hace que uno al cruzar la calle se apresure un poco por temor a que venga algún coche, aunque no vea ninguno en las inmediaciones. Es la idea inacabada que inmediatamente llega después de sentir alguna sensación a través de nuestros sentidos, como puede ser olor, calor, frío, etcétera. Es el que menos controlamos. A diferencia de los dos anteriores, no tiene desarrollo de análisis, por eso es breve. Pero sí hace que reaccionemos de una forma o de otra ante las circunstancias o estímulos externos. Está apoyado en nuestra experiencia repetitiva, en la estructura como personas, y es el más «animal» de los pensamientos. Aunque no lo es, podríamos considerarlo «intuición». En definitiva, es el que nos mantiene activos y en acción gran parte del día. Ejemplos de estos podemos considerar conducir un automóvil o andar en bicicleta, asir una cuchara para tomar sopa, alisarnos el pelo de forma mecánica o si nos sentimos despeinados. Otro sería la mala palabra, acostumbrada, que pensamos y a veces decimos, viendo un partido de fútbol o de otro deporte o alguna frase típica repetitiva que utilizamos a lo largo de los años. Este pensamiento es lo contrario a la reflexión; por eso la meditación, la relajación, la atención plena o el simple hecho de caminar para despejar la mente y pensar en nuestras cosas son lo contrario.

Ahora bien, este pensamiento, de por sí, no tiene por qué ser malo. Tampoco podemos prescindir de él. Es imposible vivir en condiciones normales sin pensamiento automático. Imaginemos una vida de reflexión en reflexión:

sería impracticable. Cada individuo en particular va generando desde su nacimiento un pensamiento automático que le sirve para vivir y actúa como copiloto de nuestras acciones. Es un mecanismo de supervivencia. Pues bien, con depresión también se ve afectado y de forma ostensible. Las respuestas instantáneas a los estímulos o necesidades y las acciones cotidianas se ralentizan. Perdemos la brújula de nuestros movimientos y reacciones naturales. En los siguientes ejemplos muestro mis reacciones estando sano y estando enfermo:

Capacidad de reacción

Quitarme la ropa para ducharme.

—Sin depresión: con ganas, y cuanto antes entro a la ducha, mejor.

— Con depresión: lento, sin ganas, con mareos. Tardaba mucho tiempo.

Comer desaforadamente

No parar de comer dulces y fritos.

—Sin depresión: comer con moderación lo que me gusta. Pensar en comer mientras lo hago.

—Con depresión: engullir, casi sin masticar, todo lo que me piden los sentidos. Llegar al hastío, incluso al vómito, producto de grandes ingestas de dulces, fritos y todo lo que pudiera calmar mis nervios.

La pérdida del humor

Ver programas cómicos, que siempre me gustaron.

—Sin depresión: reírme, disfrutar, relajarme.

—Con depresión: no reírme. Pasarlo mal y no disfrutar; al contrario, ponerme más nervioso.

La irascibilidad

Que alguien se acerque a hacerme alguna consulta.

—Sin depresión: escuchar y atender la consulta en caso de poder responderla.

—Con depresión: reaccionar como «gato al que le echan agua». Mis reacciones eran casi siempre de enfado. Tenía que hacer un esfuerzo para no enojarme.

Momento 3: relativizar, interpretar distinto

ELIGIENDO EL MEJOR PENSAMIENTO ENTRE VARIOS.

Una vez que aprendí a observar y luego a clasificar mis pensamientos, especialmente aquellos que generaban mi depresión, comencé a establecer una nueva relación con ellos. Los pasos que fui dando y que estoy relatando no podía adelantarlos, o acelerarlos, porque me confundía. Por eso me tomé tiempo para comprender cada porción del proceso. Pensemos que, además de quitarme de encima al pensamiento negativo puro, tenía que conseguir que los distorsionados no me llevaran por delante, porque era muy común en esos días caer en esa trampa. Luego tenía que lograr que pensar de forma automática no fuera peligroso como era lo habitual. O sea, lo mejor era ir poco a poco, dándome el permiso para adaptarme; respetando mi decisión, aceptando que me encontraba enfermo; tratándome con cariño y consideración; previendo los posibles «ataques» de malos pensamientos y, en la medida de lo posible, utilizarlos para mis ejercicios. En realidad, al hacer esto estaba volviendo a pensar de forma normal. Imagino que esto dependerá de cada persona, sencillo para algunas y complicado para otras. Lo importante es vivir cada paso con la suficiente solvencia y tranquilidad como para que nos sirva para toda la vida. Por eso el respeto por uno mismo es tan importante.

Dicho esto, inicié la tarea de relativizar e interpretar de nuevo. Hubo una pregunta que inmediatamente me vino a la cabeza: ¿cómo lograba relativizar y cambiar la interpretación de un pensamiento? Pues bien, vamos a explicarlo con calma. La primera respuesta es que para poder cambiar el sentido a un pensamiento necesitaba suavizarlo, quitarle el peso de pensamiento negativo. Asumía esto como una necesidad para curarme. Por eso un pensamiento, por feo o maligno, doloroso o malintencionado que fuera, lo ponía en situación de espera. En «proceso» como me decía a mí mismo. Cuando relativizaba asumía que antes de nada estaba vivo. Desde el principio asumir esta verdad es muy poderoso para relativizar, para seguidamente reforzar la idea confirmando que existían personas en mi vida que me querían. Todos tenemos alguien que nos estima y nos ofrece cariño. Pero en el hipotético caso de que no hubiera nadie, me regalaba la oportunidad de elegir si quería preocuparme o relativizar. Como expliqué en el síntoma del suicidio, si estoy muy dolorido, ciego en mi malestar, con una ira que me nubla todo, de todas maneras puedo decidir ir a tomar un helado. Esto es lo que significa relativizar. No juzgo la acción. Solo verifico primero que estoy vivo y le doy a esto más peso que a cualquier otra cosa.

Admito que no era fácil, porque no lo era. Un ataque de pensamiento negativo era: «¡Pero entonces todo te importa un pito!» (verán que la reprimenda es en segunda persona). Para neutralizar estos ataques me ayudaba confirmando que las soluciones a cualquier cuestión después de relativizarlas eran infinitamente mejores. Esto reforzaba mi postura. En el siguiente ejemplo, se puede apreciar.

Hasta que me curé, vivía a diario con ira. Irónicamente, era mi tercer apellido en esos días. Entonces, para relativizar, cada vez que tenía que entablar una conversación con alguien pedía un momento (a mi familia, a mis amigos) y me iba a dar una vuelta a la manzana y volvía con un nivel de ira distinto o ya desaparecido. Lo importante era respetarme en que si no me encontraba en condiciones normales no forzara ninguna decisión. Si un médico, con la intención de ayudar a curar una depresión, pudiera dar una pócima que la curase debiera ser: *un pensamiento de supervivencia para relativizar*. «Tómeselo cada 8 horas», diría el médico. Es clave en nuestra recuperación encontrar cual es ese pensamiento para nosotros. De esta forma podremos dar otro valor a nuestros pensamientos. Relativizar es una forma de ganar independencia en nuestros actos, es una forma de tomar el control de nuestra vida. Cuando la depresión me hacía sentir muy mal, cuando me acusaba de ser vago, relativizar era mi medicina perfecta. Aunque estés muy dolido por dentro, te hace sentir un poco mejor, y esto te ayuda para luego ocuparte de otra forma de las cuestiones que puedas tener pendientes.

Lo siguiente que pude incorporar en mi vida fueron las nuevas interpretaciones de mis pensamientos. Aprendí a darles distintas explicaciones a lo que razonaba. Hice que un pensamiento, originalmente negativo, se transformase en positivo o en neutro. Para lograrlo comencé a ponerle opciones. No lo dejaba solo como única presencia en mi mente. Al pensar sobre algo podemos tener más de una interpretación y todas son elección propia. No quiero decir con esto que interpretar de otra forma sea fácil. Cada nueva tarea o acción para curarnos lleva una intención, una actitud necesaria para poder realizarla. Utilizo el ejemplo de la bronca con los abuelos, con la cual se inicia el libro. Con depresión, la reacción que tuve fue de ira y de rencor. Pero imaginemos dos pensamientos distintos. Opción distinta 1: podría haberles dicho que tenían toda la razón poniéndome de su lado en la reclamación, explicándoles que no soy más que un empleado y que cumplo una norma de la cual no tengo elección e intentar ser comprendido por ellos desde otra postura. Opción distinta 2: escuchar sus planteamientos, no hacer ningún comentario y salir del domicilio lo más pronto posible y olvidarme del tema. Son dos formas muy distintas de reaccionar y, por tanto, de pensar. Podemos cambiar el razonamiento, o su sentido, una vez que vamos haciéndonos más fuertes con los ejercicios y con la terapia. Y que el tratamiento que vamos realizando consiga que ganemos independencia de la depresión. Como conclusión de este capítulo muestro ejemplos de relativizar-interpretar de nuevo de cada uno de los pensamientos que clasifiqué.

Ejercicios

Relativizar-interpretar de nuevo, Pensamiento negativo puro: «Soy un vago». Como era un pensamiento muy arraigado, tuve que hacerlo de dos maneras. Inicialmente usé un ejercicio de uno de los libros que estaba leyendo. Consistía en plantear el pensamiento, luego ponerle una etiqueta (o nombre). Para después contraponerle un pensamiento racional (real). Esto me sirvió con algunos pensamientos, pero necesitaba seguir insistiendo. Por eso utilicé otro ejercicio que me dio la terapeuta. Se llama *registro de pensamiento completo*. Me permitía desglosarlo y así tratarlo por partes. Lo transcribo a continuación.

Registro de pensamiento completo						
Situación	Emoción	Pensamiento negativo puro	Evidencia que apoya este pensamiento	Evidencia en contra de ese pensamiento	Pensamiento alternativo equilibrado	Cómo me siento ahora
Cosas que quiero hacer y no logro iniciar	Autocrítica. Enfado conmigo mismo. Desilusión.	«Soy un vago».	«Tengo muchas cosas que hacer y no las hago».	Quiere decir que soy alguien útil, si tengo tantas cosas que hacer.	«Si voy haciendo cosas poco a poco, estaré más cerca de cumplir con todo. Puedo ir eligiendo las cosas de una en una. Así empiezo».	«Me siento bastante mejor».

Me fue muy útil con los pensamientos más dolorosos e ingobernables. En algunos casos tuve que rehacerlos varias veces para lograr quitar su negatividad. Cuando apuntaba en la última columna (cómo me siento ahora) notaba una clara mejoría, verificaba que el tratamiento avanzaba para bien.

Relativizar-interpretar de nuevo, Pensamiento distorsionado: «Matriculación de experto como técnico de Gas Natural». Cada vez que intentaba hacer esta gestión me encontraba con la dificultad de que surgían una cantidad de pensamientos a cada cual más paralizante. Entonces la cuestión era cómo hacer algo que me fuera acercando a este objetivo y no seguir dejando pasar meses y meses con malos pensamientos. Porque, como expliqué, los distorsionados en su inicio no me generaban nada malo, sino que surgían una vez puesto en marcha. Por eso necesitaba un apoyo de principio a fin. Para eso lo que usé fue una técnica por pasos, que me ayudaba a cada momento: 1) hice un análisis de los costos y beneficios de conseguir la matrícula; 2) después repartí cada acción, para no hacerlo todo a la vez, con la idea de no atolondrarme (pensé en 8 pasos); 3) me facilitaba la tarea buscar formas que la hicieran más sencilla (llamaba por teléfono en un horario en el que me sintiera con más ganas); 4) pensar positivamente (buscaba la mejor opción de pensamiento positivo posible y trataba de que me hiciera efecto); y 5) reconocer lo conseguido (me fuera como me fuera, valoraría los pasos dados). Con todo esto organicé lo que necesitaba hacer para esta gestión. El resultado fue que el pensamiento distorsionado desapareció entre el paso 2 y el 3. O sea, que a la evidencia de que era un temor infundado, o un pensamiento incorrecto, la situación no me molestó más.

Relativizar-interpretar de nuevo, Pensamiento automático: El primer pensamiento surgido al entrar en la ducha. Como he explicado en su momento, al dar el paso mismo de abrir el grifo del agua para ducharme nacía de inmediato un pensamiento negativo. De cualquier tipo y color, no había distinciones. ¿Cómo hacía para combatir esto? Lo primero que hice fue apuntarme, durante unos días, cada uno de los que me fuesen brotando. Y después hacía lo siguiente:

- Si sentía que podía enfrentarlo, que no se me escapaba de las manos poniéndome peor, accedía a pensar en el tema que fuera y lo desarrollaba;
- Si no lograba lo anterior, lo que hacía era posponerlo para otro horario. Y si nuevamente no podía tratarlo, lo volvía a dejar para después. Lo postergaba todo lo necesario para llegar a un punto donde el asunto tuviera menos peligro para mí.
- Y, por último, si no lograba de ninguna forma eliminar el pensamiento automático negativo, lo que hacía era perdonarme por pensar lo que estaba pensando, fuera lo que fuera. Esto me sucedió, por ejemplo, con un pensamiento automático de autocrítica con respecto a la ONG. Solo logré aceptar ese mal pensamiento, no así quitármelo, pero al perdonarme, al disculparme, evitaba más sufrimiento.

Fui ganando decisión con respecto al automatismo de estos malos pensamientos, y lentamente, fueron desapareciendo. Como resumen de este capítulo es importante que remarque que la aproximación a mi forma de pensar, de la forma en que lo hice, me permitió *dar un paso de gigante en mi recuperación*. Me ayudó, además, a comprender que puedo decidir qué razonar; que una idea que puedo aceptarla, utilizarla, dejarla estar o desecharla, según mi voluntad. Una muestra de libertad maravillosa de la vida es que podamos elegir a nuestro gusto qué pensar y cómo hacerlo.

Capítulo 9

Sentimientos, emociones

No descubro nada si confirmo que las emociones y los sentimientos son nuestro «talón de Aquiles». Son el punto más vulnerable de nuestra existencia, como también la esencia misma de nuestra humanidad. Podemos decir que es lo más instintivo de una persona y al mismo tiempo puede ser lo contrario. Todo nuestro cuerpo, y nuestro ser, puede estar lastimado, lleno de cicatrices, maltrecho, a punto de desfallecer. Y cuando nos dicen alguna frase de cariño o nos acarician el pelo, cuando nos quieren, reafirmamos y confirmamos el amor, la ternura. Ni más ni menos que sentimientos. Quiere decir que solo un instante de alguna emoción, o incluso sensación, le da sentido a la vida. Porque sentimos, estamos vivos.

Hasta aquí, todo muy bonito. Sin embargo, con depresión lo que sentimos no nos permiten vivir, sino todo lo contrario. Luchamos cada día en contra de sentimientos malignos que nos maltratan, que transforman todo en una maraña infernal de la que pensamos que nunca escaparemos. Por eso, para lograr salir de esta situación primero hay que comprobar el estado en que se encuentran, su estancia en nosotros. Y, por otro lado, dar un paso esencial: establecer con ellos una nueva forma de relación e interpretación. Puede parecer similar a lo tratado en «Pensamientos». En parte sí. Porque de lo que se trata para curarnos de la depresión es tener otra visión de las cosas, de nuestros pensamientos, sentimientos, etcétera. Pero la particularidad de comprendernos con nuestro sentir es muy especial, por eso hay que trabajar con uno mismo deteniéndonos en cada detalle. Porque la recuperación de esta enfermedad también se trata de aprender y asimilar un nuevo vínculo con nuestros sentimientos.

Lo que relataré es la forma en que pude hacerlo, asumiendo que no me resultó nada fácil. Viéndolo ahora, desde la distancia, fue lo más difícil que me tocó hacer. Lo más complicado de descifrar. Aun así me di cuenta, en cierto momento, de que lo más sano que podía hacer con mis sentimientos era aceptarlos; aceptar que siento esto o aquello, por feo o lacerante que sea; que no servía de nada tratar de quitarme de encima el sentimiento, ni tratar de esconderlo o evitarlo. Ese no era el camino; el camino era aceptar. Este concepto explotó, metafóricamente hablando, mi cabeza. No me encontraba preparado para aceptar ninguno de mis dolores, ni mis emociones más fuertes.

¿Cómo hacía para aceptar? ¿Qué significaba eso en concreto? Todavía no me percataba de que «esos seres tan especiales» de los que hablamos convivían conmigo. Por lo tanto, menos todavía podía hablar de algún tipo de aceptación. No venimos hechos de fábrica, ni estamos preparados culturalmente, para respetar lo que sentimos. Por supuesto, tampoco era mi caso. Pues entonces, ¿cómo hacía para curarme? ¿Cómo conseguía descubrir los pasos que tenía que dar?

Así, en medio de toda esta oscuridad y dificultad cultural para entenderme con mis sentimientos, fui dando pequeños pasos, acompañado de la terapeuta, mis libros, mis notas y los ejercicios. Con las personas que me quieren y me apoyan pude ir desentrañando esta madeja que voy a explicar a continuación. Coincide, también, con tres pasos, o momentos, como con los pensamientos. Primero se trata de descubrir y clasificar lo que sentimos. Después pasamos a reconocerlos y dejarlos estar. Por último, aceptamos y abrazamos nuestros sentimientos y emociones. Al realizar esta tarea, saldremos fortalecidos y con más ganas de vivir.

Descubrir, calificar

DESCUBRIENDO SENTIMIENTOS ENTRE LA MALEZA
(DE MI CUERPO, DE MI MENTE Y DE MI ESPÍRITU).

La primera cuestión que hay que resolver, entonces, es saber distinguir los sentimientos en nuestro interior y, por añadidura, a sus parientes cercanos: las sensaciones y las emociones. ¿Sabemos hacer esto? Por ejemplo, ¿podemos identificar qué es la simpatía, la indiferencia, la vergüenza, el desgano o cualquier otro sentimiento? ¿Podemos ser tan certeros en descubrirlos rápidamente, más aún cuando hemos perdido el contacto con nuestro propio cuerpo? Es cierto, podemos ir al diccionario, buscar la acepción de tal o cual sentimiento, leerla y comprender de qué hablamos, pero no es eso lo que estoy diciendo. Me estoy refiriendo a cómo los descubrimos en nuestro interior, a cómo los sufrimos o los disfrutamos, a cómo logramos visualizarlos, hacerlos palpables (aun con dolor) y así poder identificarlos. Esta tarea no es sencilla, pero es imprescindible para poder aspirar a curarnos y estar mejor. Podría buscar muchas formas de explicar lo importante que es esto para la vida. Pero lo que nos debe quedar claro es que no se puede pasar por la vida sin que en un momento determinado nos demos cuenta de lo que nos afecta algún sentimiento, sea el que sea. Ese recuerdo guardado en la memoria y que hayamos identificado nos sirve para empezar con la tarea que vamos a explicar. *Necesitamos descubrir, por tanto, los sentimientos negativos, dolorosos y malsanos, que son los que predominan durante la depresión.*

En este punto del libro puede suceder que aquella persona que sufre una situación complicada (con diagnóstico de depresión o con dudas) esté pensando lo mismo que pensé yo en su momento: es imposible que pueda enumerar o tratar de descubrir mis sentimientos, no podré hacerlo. Hablamos de dolor en definitiva, no de matemáticas o de algo que podemos hacer frío y calculado. Uno está más cerca de no querer hacerlo. La negación es una forma que la depresión tiene de frenar algo sano para nosotros, como es ver de frente a nuestros sentimientos. Aun así, se puede lograr. Como lo necesitamos, para tener una vida mejor, tenemos que ser sensatos. Una cualidad que significa mucho y que, a veces, utilizamos poco en nuestra vida. La *sensatez* fue la que me demostró que si les permitía a mi sentir negativo conducir mi vida a su antojo, me iría muy mal, mucho peor de lo que me había ido hasta ese momento. Al hablar de *permitir* quiero decir dejarme influenciar para que realice acciones impropias de mí. El suicidio, como mayor y peor sentimiento negativo, pero también situaciones violentas producidas por la ira y el enfado, muy comunes para mí esos días. O la angustia permanente, esa que me calaba hasta los huesos y que hacía de mi vida un infierno cotidiano.

Entonces, aplicando toda la sensatez que pude reunir, comencé con la tarea de aprender a ver los sentimientos, las emociones y las sensaciones. Identificar y verificar cómo ellos contribuían a mi estado. Para ayudarnos en esto, lo primero que necesitamos es a nuestro propio cuerpo. La idea es bastante simple: utilizar nuestras sensaciones corporales para ir buceando en búsqueda de los sentimientos y emociones que se encuentran ahí abajo. En mi caso no lograba descubrir de inmediato a todos ellos, sino que veía a los más evidentes. Se trata de ir con calma. Explico cómo lo hacía.

Se puede hacer en cualquier momento del día, no se trata de frenar ninguna actividad. Entonces me preparo, en el momento que sea, y espero a que el sentimiento llegue. *Adopto una actitud de recibimiento*. Esto no quiere decir salir a buscar algo que no sentimos, sino solo registrar cualquier sentimiento, incluso si es positivo. Lo importante es aprender. Luego le pongo una etiqueta (o nombre) a lo que siento y compruebo qué sucede en mi cuerpo. Ponerle una etiqueta es para identificarlo, no importa si no le damos el nombre correcto o el que tendría que ser. Lo que importa es palparlo corporalmente, sentir lo que produce en nuestro cuerpo. Por ejemplo, si el sentimiento es la vergüenza (uno de los más esquivos para mí) y no sabemos qué etiqueta ponerle, asignémosle una frase. En este caso lo etiqueté como: «el sentimiento que me hacer retraer, que me causa sudor frío». De esta forma descubrí dos cosas: me produce «sudor frío» y «me hace retraer». Así hacemos con todos los que alcancemos a nombrar o etiquetar. A continuación incluyo algunos ejemplos en los que explico las sensaciones corporales.

- **La ira**: me alteraba el ritmo cardíaco de forma violenta. Me producía que tuviera acidez de estómago casi instantáneamente. Nublaba mis acciones y me terminaba doliendo la cabeza. Siempre después de un enojo o una bronca desaforada me dolía mucho la cabeza.

- **El miedo**: me costó mucho darme cuenta de cómo era este sentimiento. Creo que no quería aceptarlo. Sentía como un *shock* eléctrico en todo el cuerpo. Además tenía como graduaciones distintas, como si pasase de un voltaje menor a otro mayor y de repente una descarga. La descarga sería el pavor, el terror. Como vivía constantemente en situación de emergencia, del temor al pánico o al espanto había un paso.

- **La angustia**: en el pecho y en la garganta. Ahora cuando lo recuerdo siento compasión de mí mismo. Este sentimiento era permanente, me acompañaba siempre; por tanto, me mantenía el pecho y la garganta presionados todo el tiempo. Me daba cuenta cuando tomaba aire con ganas, quería quitármelo pero seguía ahí. Empezó a irse después de muchas y repetidas relajaciones.

- **La amargura**: detrás de la nuca y la espalda. A diferencia de la angustia, que me hacía sentir derrotado, la amargura la sentía en la espalda y a veces debajo de la nuca y me causaba mucho cansancio que, sin embargo, no me dejaba dormir. Era como cuando nos apoyamos durante un rato en alguna pared o algo frío y luego nos queda la sensación pegada al cuerpo. Esa mezcla de frío con presión era la amargura. Por eso las lumbares y los hombros, en ese tiempo, estaban como piedras.

- **Bruma, aturdimiento, agobio**: algo habitual considerando «las listas de tareas» que realizaba. Me generaba calor, sentía que subía la temperatura de mi cuerpo. Lo que me producía en realidad, pude verificarlo después, era que me subía la tensión arterial, como con la ira o el enojo. El sentimiento de culpa era lo que apoyaba esto. Tenía que «cumplir y pagar» a todo el mundo y, por ende, la sensación era continua, me duraba más tiempo que la ira.

- **Inseguridad**: esto me causaba mareo al caminar. Parecía que no había lugar seguro, lo sentía en el estómago y me doblaba mientras andaba, encorvando los hombros. En los apuntes había escrito: «encorvar-panza como parte del mismo dolor-sentimiento».

Evidentemente este ejercicio es útil y sirve tanto para los sentimientos negativos como para los positivos, aunque no los tratamos aquí. Puede que no logremos identificar con claridad algún sentimiento o se nos confunda con otro. O que uno tape a otro, como sucede con la culpa: el paraguas de la depresión. Por ejemplo, a mí me ocurría que la rabia acumulada no la identificaba igual que a la ira. Vivía en un estado de alteración constante, pero no lograba identificarlo en mi cuerpo. Como la bronca me mantenía alerta, eso me confundía. Era como tomar café todo el tiempo. Me argumentaba diciendo que sentirme así era lógico. Luego descubrí que el «enfado-alerta» del que hablo no era hacia afuera, ni tampoco era ira con alguien o con algo, sino que era conmigo con quien estaba enojado. Y como la respuesta en mi cuerpo era distinta a la de la ira, me engañaba. Entonces, es importante identificar, etiquetar y ver cómo responde nuestro cuerpo a lo que venimos experimentando. Si es un sentimiento negativo seguramente que nos daremos cuenta.

Luego damos un paso más y valoramos cuánto nos molestan los que vamos descubriendo, hasta dónde nos duelen o si su influencia es menor. En los libros que leí había todo tipo de tablas e índices para hacer estos ejercicios. Copio algunos ejemplos, en tanto por ciento:

Síntoma	Duración	Influencia o porcentaje (%)
Culpa, obligaciones malsanas	Constante	70
Ira, rabia, enfado, ofuscación	Constante	80
Frustración, desengaño	Variable	50
Ansiedad, preocupación	Constante	60
Miedo, alarma	Constante	40
Desánimo, pereza	Variable	30
Agobio, bruma, sofoco	Constante	40
Vergüenza, bochorno	Constante	60
Desapego, desinterés	Variable	30

Muchas veces pasaba de la frustración al desánimo. Algunos eran constantes. Hablo de días, semanas, incluso meses. En cambio, los variables iban y venían.

En este proceso de descubrir y calificar, lo siguiente que hice fue *un registro de sentimientos no-reconocidos*. Tenía que encontrar cuáles eran aquellos extraños a mi forma de ser. Este ejercicio en su momento no lo comprendí con tanta claridad como lo interpreto ahora. Se trata de ver lo que causa la depresión. Y buscando un sentimiento que en nuestra historia personal es raro o inusual podemos encontrar la punta del ovillo del soporte de la enfermedad. Si nunca antes habíamos tenido vergüenza de entrar en una cafetería, por ejemplo, querrá decir que algo no está bien. Y podemos marcar ese sentimiento como no-reconocido. Y así con todos aquellos comportamientos extraños e inusitados que podamos apuntar.

A mí me costó mucho reconocer la culpa como algo que no formaba parte de mí. Como he dicho antes, este es un paraguas que cubre todo mientras sufres depresión. Confirmarse a uno mismo que actuamos, hablamos o sentimos producto de la culpa es un sentimiento muy conmovedor al principio. No te lo crees, reaccionas, como en mi caso, con un pretendido orgullo. Falso orgullo (sentimiento rastrero). Me decía: «¿Yo de culpa? ¡¡Nada!!». Tuve que tener mucho valor para asumirlo, pero terminé reconociendo que la maldito sentimiento no era algo mío. ¿Que vivía dentro de mí?: sí. Era como tener un ser no humano y maligno ocupando el sitio de mi propia voluntad. Reconocerla o descubrirla no significa asimilarla como propia. Pero tampoco se te retira inmediatamente. Lo que estaba haciendo era algo tan sencillo como importante: descubrirlo como impropio de mí. Este paso ya es muy valioso.

Lo siguiente que registré como no propio fue la ira, o en todo caso enojarme muy seguido por cuestiones que no valían la pena. O que mis reacciones eran desmedidas. En un punto, la ira es irracional y, por tanto, descontrolada. Por eso la diferencio del enojo. Considero que enojarse no es necesariamente malo. Lo realmente malo y enfermo es llegar a niveles extremos, haciendo de esto algo cotidiano y sin motivo. Esto no era normal en mí: decididamente, no era algo propio.

Luego anoté el desánimo y la ansiedad, como extraños. Pero el que quería mencionar especialmente es el de la pérdida del humor. Podríamos marcarlo como tristeza o amargura, sin embargo no me estoy refiriendo a eso. Lo que quiero señalar es algo que la depresión me había quitado. Hasta sufrir la enfermedad siempre había sido alguien con sentido del humor, alguien que disfrutaba con reírse y que valoraba las bromas como parte esencial de la vida. De repente me encontré con que no podía ver humor en nada. No lo producía y no lo veía en los demás. Mi familia y mis amigos me lo decían, pero no les hacía caso. Lo confirmé con series de TV con las que antes siempre había disfrutado y que durante la enfermedad no me divertían e incluso no las soportaba, me ponían nervioso. Esto sí que me sorprendió mucho, por eso lo recalco.

Para concluir con el concepto de descubrir y calificar, evidentemente cualquiera de los sentimientos negativos nombrados y otros que se nos ocurran, pueden vivirse sin tener depresión. Así es la vida. Si, por ejemplo, nos gusta un hojaldre con almendras que está sobre la mesa y no sentimos ganas de levantarnos de donde estamos para comérnoslo, es algo un poco raro. Pero si algo similar a esto se repite días y días, meses y meses, algo pasa. Si no quieres ver a tu propia familia ni disfrutar de una fiesta, una salida a la playa, a la montaña, o no sientes placer por cosas que siempre te gustaron, y esto se mantiene en el tiempo, es necesario descubrir esos sentimientos que te hacen actuar así. Y valorarlos (calificarlos) de forma que puedas encontrar un modo para no seguir sufriendo por esto. En el camino de tres pasos que vengo explicando, una vez que afianzamos esta experiencia, estamos preparados para continuar.

Reconocer, dejar estar

EL SOL Y LA LUNA SIEMPRE ESTARÁN.

Una vez que tenemos los sentimientos negativos a mano, especialmente a los que no son propios de nosotros, podemos pasar a reconocer y dejar estar. Todos los terapeutas que he leído le dan a esta tarea mucha importancia. Es bueno que nos preparemos a conciencia, y que nos propongamos la apertura necesaria para comprender una nueva manera de relacionarnos con lo que sentimos. Como se puede descubrir en mi relato, no somos máquinas. No nos enchufamos a un aparato y acto seguido aprendemos a salir de la depresión, mucho menos a disfrutar de la vida de inmediato. Lleva su tiempo. Muchas veces tropezamos y nos caemos. Por eso, en mi caso, me apoyaba en la sensatez y en la actitud positiva, y trataba de aceptar mis deficiencias y dificultades para ahondar el camino. Con los sentimientos negativos más difíciles de afrontar me apoyé en la relajación y en todo lo que me ayudara para poder concentrarme en ellos de una forma más sana y equilibrada. No es lo mismo mirar a los ojos a la ira mientras vamos conduciendo, que sentado o recostado en actitud de relajación.

La acción de dejar estar o reconocer un sentimiento no es resignación. No es quedarnos a esperar que hagan lo que quieran con nosotros. No es masoquismo. Aun así, lo mejor es encararlo con equilibrio. Si sufrimos pena por la pérdida de un ser querido y al mismo tiempo nos encontramos al filo de un precipicio, nos encontraremos tristes, pero no nos arrojaremos al vacío. Este sería el equilibrio: dejar estar, reconocer. Es la actitud de dolerse, pero no sufrir de más por ese dolor. Es tristeza, sí, la justa, pero no dramatismo a ultranza. Es pasar por un lugar muy frío o de mucho calor pero saber que será durante un breve momento, porque llegaremos enseguida al sitio que nos hace sentir mejor.

Algo que sucede con nuestra experiencia y con nuestra cultura es que la primera reacción hacia un sentimiento negativo es intentar eliminarlo. Aprender a dejar estar es todo lo contrario. Es observar que tengo ese sentimiento y no hacer ninguna fuerza hacia ningún lado. Porque lo inmediato que sucede cuando nos queremos quitar un sentimiento o una emoción negativa es que esta se enquiste en nuestro interior. Como el ejemplo de la garrapata que he contado al inicio del libro. Hay un punto de nuestra conciencia, de nuestro buen estar, que una vez que pasamos las etapas de asimilación de la enfermedad, y comenzamos a comprendernos a nosotros mismos, nos permite tener un mínimo de calma y de contemplación sobre estos sentimientos. Aun a pesar del dolor, o la incomodidad, o aquello que sentimos, podemos observarlo.

La mejor forma de iniciar la práctica sería elegir los sentimientos más sencillos, o los que más reconocemos. En mi caso lo que hice fue hacer pruebas, con uno y con otro, hasta encontrar el que pudiera examinar. Así, buscando al primero que pude dirigirme fue a la ira. Resultó todo un éxito para mí. Hoy lo recuerdo con mucho orgullo. Sentirse enojado, y dejar estar, es como llevar un brasero entre las manos. Tienes la sensación de que en cualquier momento te quemas, pero no dejas que te lastime. Ubicas el brasero en algún lugar de tu cuerpo o de tu mente que no limite tu concentración. No pierdes el pensar. La diferencia con un ataque de ira descontrolada es que no permites que tape o anule tu consciencia. No frena el dolor, el enfado en este caso, pero te muestra otro costado de ti mismo. Al dejar estar, y reconocer, vas haciendo un hueco en tu espacio vital para darle la justa cabida al dolor que sea que estés viendo. No lo adornas más de lo debido. Puedo poner a la vergüenza, por ejemplo, frente a mí, en la «mesa de trabajo» para observarlo, reconocerlo y dejarlo estar. Para un enfermo de depresión, y para la vida en general, esta práctica ayuda mucho para que los malos sentimientos queden acotados a la realidad. Sirve además para ganar independencia y confianza en uno mismo. El dolor no acabará por dejarlo estar, o lo reconozcamos, pero trataremos con él desde otro lugar, uno que es más sano.

Otra forma de aprender este ejercicio sería imaginarse que nos han contado un chiste y que por eso queremos reírnos a carcajadas, pero no se nos permite hacerlo. Tenemos la risa a punto de explotar, pero no podemos dejarla salir. Como cuando queremos mostrarnos serios ante nuestros hijos pequeños que han hecho alguna travesura sin importancia. Supuestamente merecerían una reprimenda de nuestra parte; en vez de esto nos da la risa y luchamos por contenerla. Como tener una pelota dentro que salta y salta queriendo salir. Dejar estar es ver la pelota, sin participar del salto. Recordemos estar conscientes.

Observar activo mientras siento

Este ejercicio me ayudó con el miedo, que no lograba registrar y que, por tanto, me costaba mucho aceptar. Para poder lograrlo tuve que insistir. Recuerdo que le contaba a la psicóloga mis sensaciones vividas en el gimnasio. Como mucho de lo que hacía en esos días era observar mis sentimientos, en especial los miedos, tenía mucho que contar. Nunca me había puesto a investigar esto en mí. Ni en mi conducta, por eso me llamaba mucho la atención. Los ejercicios físicos me daban una oportunidad para «dejar estar» a mis miedos mientras practicaba. Evidentemente es muy bueno prepararse las situaciones para hacer esto. Este cambio de conducta fue lo determinante para poder incorporar dentro de mí esta nueva forma de relacionarme con mis sentimientos y emociones. La sensatez y la actitud también me apoyaron.

Aceptar, abrazar

DE LA MANO CON MIS SENTIMIENTOS.

Comprender lo que significa aceptar un sentimiento es posiblemente una de las más poderosas enseñanzas que podemos recibir. Mucho más si logramos incorporarla a nuestras vidas. Es un nuevo comienzo en la vida. Considero que todo lo anterior es la prehistoria en lo que a vivir de forma saludable se refiere. Una vez que empezamos a ver de frente y de perfil lo que sentimos, y lo aceptamos, es cuando por fin nos respetamos a nosotros mismos. No pretendo ponerme filosófico, pero creo que *aceptar lo que sentimos es la base misma de la felicidad.* No es algo por lo cual nos den un diploma en algún momento y listo, ya está, ya somos felices. En absoluto. Cada día nos toca vivir con nuestros sentimientos y emociones, que renuevan constantemente su poder. Por eso la aceptación la necesitamos viva de manera constante.

En mi caso esto, en vez de pensarlo como una carga o un peso, me enseñó a vivir con curiosidad, con amplitud, y con ganas de saber más sobre mí mismo. Todo lo que signifique conocernos más profundamente será acercarnos a vivir mejor. Cada persona encontrará su camino hacia la aceptación. En esto la teoría puede estar muy bien, siempre que no olvidemos que la aplicamos a nosotros mismos. Por eso es indispensable considerar si nos encontramos *en actitud de recibir la aceptación.* ¿Qué significa esto? Somos lo suficientemente amplios, amables, honestos, directos, didácticos y pacientes como para aceptar algo que no tenemos ni idea de por qué se genera y de dónde sale.

Hasta aquí hemos aprendido a descubrir, calificar y dejar estar un sentimiento. Quiere decir que ya sabemos en gran medida de qué hablamos. Pero para aceptar realmente tenemos que hacer conciencia de que estos «seres» cohabitan, con vida propia, en nuestro cuerpo, en nuestra mente y en nuestro espíritu. Grandes instituciones como la culpa o la frustración o en otros sentidos la alegría o el tesón para ir hacia adelante; la amargura, la tristeza, el miedo, la ira, etcétera, que en una vida sana tienen pocos permisos para hacernos sufrir, pero que con depresión son los que manejan el juego de nuestra existencia. Todos estos seres viven con nosotros. Como las células de nuestro cuerpo, o nuestros pensamientos. Están ahí, siempre, como el sol.

Entonces si están ahí siempre, ¿por qué no lo reconocemos e intentamos entablar una relación más sana con ellos? De lo que trata la aceptación es de amigarnos con los sentimientos, las emociones y las sensaciones que viven con nosotros. Tan simple como eso. Esa sería la teoría. Sin embargo, no es tan sencillo y menos con depresión. Podemos descubrir y reconocer algún sentimiento, pero por algún motivo no poder aceptarlo, porque nos hace mucho daño o porque es muy esquivo.

Para poder lograrlo, además de las enseñanzas, es imprescindible trabajar con uno mismo. Ser pacientes. Admitir lo que sentimos irá llegando poco a poco. Hay muchos ejemplos de aceptar algo que no nos gusta, que en el mismo momento en que lo hacemos deja de incomodarnos. Por ejemplo, si debajo del balcón de tu casa, o en la plaza de enfrente, hay una fiesta popular con música a tope y esto te incomoda para estudiar, dormir o leer, puedes subir la presión de tu enfado hasta llegar a niveles estratosféricos. Pero también puedes aceptar el «ruido» dejando estar el sonido mientras haces otras cosas, o lo que habías planeado. El ruido seguirá, no puedes hacer nada para quitarlo. Y como no puedes hacer nada, tu propio cuerpo, tu mente y tu espíritu aceptan la situación y viven con ella. Aceptar un sentimiento, por muy negativo que sea, tiene mucho de esto.

Pero hay motivos y razones poderosas, algunas de ellas culturales, o simplemente por desconocimiento que hacen que estos seres con los que compartimos espacio sean nuestros adversarios. La depresión que sufrí fue una constante lucha sin cuartel contra ellos. No solo luchaba contra los pensamientos negativos. A estos, en última instancia, siendo una persona analítica, podía aspirar a vencerlos, siempre, si queremos plantearlo en términos de guerra. Pero a los sentimientos no los vencemos nunca, no hay un antídoto o una bomba nuclear contra ellos, son parte de nosotros. Por eso, si tiramos una bomba, nos la tiramos a nosotros mismos. De ahí el dicho de «Si no puedes con tu enemigo, únete a él» es especialmente apropiado para este caso. Si ya pudimos encontrarnos mano a mano con cualquiera de nuestros sentimientos, la primera prueba o el primer ejercicio será tratar de amigarme con él. Abrazarlo aunque duela. No luchar contra él sino permitirme una comprensión y un acercamiento. Puedo aprender de ellos. Como viven conmigo pueden mostrarme facetas de mi persona que si estuviera en guerra no podría ver. Como me ocurrió con el «debo» (el síntoma que relato en la parte I) que me ayudó a reconocer que soy alguien responsable. Podemos descubrir un mal sentimiento, dejarlo estar para luego aceptarlo y que nos termine enseñando algo valioso para nosotros. En los tres ejemplos que siguen, explico lo que entiendo por aceptación. Sentimientos negativos que con depresión vivía de muy mala manera hoy los vivo de manera saludable y disfruto con ellos.

1) *Hoy acepto que me enojo con facilidad y amablemente busco ponerle una motivación positiva a ese enojo.* ¿Qué es lo que hago? Como me preocupa el mundo, me preocupan demasiadas cosas, y me molesta mucho la injusticia.

Me enojo mucho por varios motivos. Si le diera un lugar equivocado a esos enojos sufriría mi cuerpo y todo lo que ya sabemos. Entonces lo que hago es que el enojo me guíe en mis acciones para tratar de hacer algo positivo para mejorar este único mundo que tenemos. No me peleo con el enojo, sino que lo subo a mi máquina y le doy el lugar de locomotora de mis actos projusticia.

2) *La vergüenza me acompaña a hacer cosas que antes no hacía.* Se transformó en mi aliada para ir por ahí con un respetuoso cuidado de las personas, tanto viejas como nuevas por conocer. Si antes me inmovilizaba o generaba lo contrario, ahora me permite andar con equilibrio. Si la situación es de mucha vergüenza dejo claro ante mi interlocutor esa cuestión y lo que era vergüenza se convierte en buenos modales. No puedo tener constancia de lo que pensarán las personas sobre mi trato ahora, porque pertenece a la opinión de ellas, pero en cuanto a mí, sí que puedo asegurar que vivo mejor de esta forma.

3) *El miedo me hace investigar.* Últimamente voy descubriendo que una faceta del miedo me impulsa a averiguar y buscar información sobre los aspectos que pueden haberme producido temor. No quiero decir que son todos los miedos, porque mentiría. El miedo, por lo menos para mí, tiene innumerables caras. Con la que me empiezo a llevar bien es con este que explico: el de estar alimentándome mal que fue el que me llevó a buscar información sobre cómo mejorar mi nutrición. Tan simple como eso.

Para terminar el capítulo, creo que podemos decir que no siempre los sentimientos positivos serán los que nos puedan guiar a la felicidad. Tanto unos, como otros son nuestros y debemos vivir con ellos. Siempre el equilibrio es lo mejor. La forma en la que nos relacionamos con lo que sentimos, esa es la clave. Seamos amigos de esos «seres vivientes» que comparten nuestro cuerpo, seamos amigos de nuestros sentimientos. *Aceptar lo que sentimos es el inicio de una nueva vida.*

Capítulo 10

Situaciones

DISTINTAS SITUACIONES, PERO YO SOY EL MISMO.

- Situación. Conjunto de factores o circunstancias que afectan a alguien o algo en un determinado momento.
- Acción. Resultado del hacer.
- Circunstancia. Conjunto de lo que está en torno a alguien; el mundo en cuanto mundo de alguien.

Estas tres acepciones que he extraído del diccionario me sirven para ayudar a explicar, inicialmente, los conceptos que pretendo abordar en este capítulo. Desde el punto de vista terapéutico o psicológico, una situación, circunstancia o acción (también acontecimiento, hecho, coyuntura) es aquello que generamos nosotros por pensar o por sentir. Y al mismo tiempo lo inverso, o sea, que una situación produce un determinado pensamiento y sentimiento en nosotros.

Las situaciones existirán siempre, haga algo o no. Hay algunas que no elegimos (fácticas) como ser: el sol sale, indefectiblemente, todas las mañanas. Y luego están las situaciones que nosotros originamos. Por ejemplo, puedo levantarme e ir a dar un paseo (Situación: dar un paseo) o solo levantarme sin dar ese paseo (Situación: no dar un paseo). Pero incluso ante hecho fáctico pueden darse distintas situaciones. En el ejemplo del sol por las mañanas podemos hacer dos cosas: cerramos puertas y ventanas pretendiendo suponer que el sol no ha salido, lo negamos (Situación: negación de salida del sol); o abrimos ventanas y puertas y dejamos que el sol inunde la casa con su luz y calor (Situación: recepción del sol por la mañana). En todos los casos, a través del pensar y del sentir, soy quien decido qué influencia tiene en mí una circunstancia. Sea esta elaborada por mí o externa a mi voluntad.

Ahora bien, cualquiera podría decirme que no puede pensar de otra forma ante determinadas situaciones límite, o sentirse de otra manera ante unas circunstancias especiales que lo conmuevan profundamente. Que si le pasa algo terrible (accidente, muerte de un familiar, guerra, etcétera), supuestamente, no podría pensar (y sentir) otra cosa que lo que le dicta su experiencia o manera de ser. Podemos decir que reaccionamos instintivamente, o que algo (mágico) nos obliga a actuar de una forma o de la otra. Sin embargo, aunque parezca que no es nuestra voluntad, ese «pensar (y sentir) otra cosa», también es un pensamiento y un sentimiento propio. Quiere decir que siempre producimos y recreamos una situación; siempre, tengamos una voluntad consciente o no. Haber comprendido este concepto fue lo que me demostró que mi relación con las situaciones, y con el «hacer», dependían de cómo me plantaba ante ellas. De qué forma asumía mis tareas y mis compromisos. En definitiva, situaciones. Y también cómo me llevaba con mi primera situación fáctica, que es estar vivo.

«¿Qué hacer? ¡Tengo tanto que hacer! ¡¿La lista no acabará nunca?! ¡Y encima todo es importante!». Esto me decía durante la depresión. Cada asunto de «mi lista» me atormentaba. Mi relación con el hacer era, por ese entonces, una pesadilla para mí. Como había empezado a comprender la trilogía, y la influencia del pensar y del sentir, una pregunta me sobrevino como conclusión: «¿Qué hago para tener una relación normal con las situaciones?». Y me seguí preguntando: «¿Cuál es el punto exacto de equilibrio entre tener algo que hacer, ocuparme de ello y no preocuparme? ¿Cómo puedo dejar de pensar y sentirme tan mal por culpa de "mis pistas"?» (ejemplo que copié en la parte I). «¿Cómo puedo tener una relación sana con mis tareas sin que cada cosa se transforme en un estresor, algo que significaba problemas?».

Las estrategias que utilicé para poder ir curándome de este malestar fueron en varios sentidos. Por un lado, necesitaba confirmar hasta dónde esta situación, justamente, me estaba haciendo daño. Como con el ejemplo de grabarme hablando, que de alguna forma usaba para corroborar que me estaba dando mensajes malignos, necesitaba ver y asimilar qué espacio ocupaban en mi vida esas situaciones preocupantes. Estos ejercicios, algunos de los cuales copio a continuación, me lo mostraron.

Situaciones que me afectan, grado de preocupación 100 %: (las dos últimas semanas)

Situación o circunstancia	Me siento responsable (%)	No me siento responsable (%)	Observaciones
Economía de mi casa	80	20	Catástrofe
Ir a psiquiatra mutua	90	10	Catástrofe
Buscar baja médica	60	40	
Llamar a hijo mayor	80	20	Catástrofe
Hablar con hijo menor	80	20	Catástrofe
Llamadas en la ONG	80	20	Catástrofe
Ducharme	80	20	Catástrofe
Cesta de Navidad	60	40	

Colocaba: «Me siento responsable» y «No me siento responsable» para diferenciar en qué me tenía que hacer cargo y en qué no. En esos ejemplos el nivel de preocupación era el máximo: 100 %.

Luego, otro grupo, con porcentaje de preocupación variado:

Situación o circunstancia	Nivel de preocupación total (%)	Me siento responsable (%)	No me siento responsable (%)
Gimnasio	70	80	20
Rechazo de mi cuerpo	60	90	10
Comer en exceso	50	100	0
Cansancio excesivo	90	80	20
Apagar luces, cerrar puerta	70	80	20
Ver fotos con mi madre y mis hijos	50	70	30

Como se podrá apreciar en las tablas anteriores, aparecían como estresores cuestiones de todo tipo, nada equiparables, que demuestran que durante esos días todo era preocupación para mí. Hacer esto me ayudó a tener el problema a la vista, asumirlo. En este sentido, el ejercicio fue muy útil.

Por otro lado, también tenía que buscar, hablando de estrategias, otra forma de plantarme ante las situaciones que me perturbreocupaban demasiado. Tenía que encontrar algún equilibrio con mi hacer. Así fue como, buceando en los libros que me ayudaron y con la anuencia de la psicóloga, hice unos ejercicios "anti-postergación" para apoyarme con las tareas que me resultaban complicadas. En este caso utilizo un ejemplo que usé para un pensamiento distorsionado:

Hoja antipostergación

Fecha:	Actividad dividida en pasos:	Dificultad que creo que voy a tener:	Cuánto creo que me gustará hacer esta actividad:	Dificultad que tuve realmente:	Cuánto me gustó hacerlo:
18/12	Gimnasio: Inscripción-Llevar planilla	20 %	20 %	10 %	50 %
22/12	Gimnasio: gestión pago-turnos	80 %	60 %	40 %	90 %
23/12	Gestión por matrícula: ir dirección carta	40 %	50 %	10 %	70 %
	Cambio de teléfono y domicilio	80 %	30 %	20 %	50 %
	Búsqueda de nueva oficina	60 %	30 %	20 %	50 %
	Visita a nueva oficina	80 %	50 %	10 %	75 %
	Gestión hecha en esta oficina	90 %	50 %	30 %	90 %

Me sostenía con estas hojas para hacer una gestión por pasos, con la idea de que en cada uno de ellos me sintiera contenido y con fuerza para llevarlo adelante.

Las ideas que me ayudaron eran verificar que, por un lado, todo me preocupaba, justamente. Ratificar esto, de por sí, ayuda. Y, por otro lado, que podía preocuparme hacerlo menos si actuaba de forma distinta con la situación que generaba la dificultad. Evidentemente, todo dependía de mi poder de decisión, y de la importancia que les daba a mis situaciones. Pero con depresión necesito de apoyo, y asistencia. No podía hacerlo solo. Por eso estas nuevas maneras de encarar las cosas cotidianas me iban apuntalando y quitándole peso, lentamente, a la intranquilidad.

También me protegí con la «atención plena» en un par de ocasiones y para una reunión importante de la ONG que no tenía muy claro cómo podría sobrellevarla. Me concentraba absolutamente en el momento presente y no daba lugar a incomodarme. La idea era cumplir solo la función (y la tarea) que era necesario que hiciera. Si nacía en mí alguna preocupación, la dejaría para luego. Con esto ganaba dos cosas: hacía lo que tenía que hacer de una manera eficaz y, por otro lado, la preocupación podía llegar a desaparecer en el momento en que me propusiera analizarlo. Obviamente no es sencillo. Hay que practicar con situaciones simples para ir ganando confianza.

Por último quiero relatar algo que en su momento me dolió mucho, porque incluía la idea de morirme. Ocurrió en una sesión de terapia. Intentaba explicarle a mi psicóloga que ya tenía, hasta ese instante, todo hecho en mi vida. Que por tanto, podía dejar de existir sin que nada ni nadie me reclamara. Un argumento discutible, pero argumento al fin. Recuerdo que salí temblando al finalizar, porque por primera vez en mucho tiempo me daba cuenta de que estaba vivo. Me percataba de la trascendencia que pudiera tener mi existencia. Si bien no pensaba en ese momento en el suicidio, la situación me llevó a pensar en lo otro, en que había llegado al fondo de un pozo profundo y que más abajo no podía estar. Que mi vida había tenido un sentido hasta ahí y que no podía hacer nada más.

Remarco ese día de mi vida como determinante en mi recuperación. *Asimilé el increíble poder que tiene aceptar una situación de debilidad extrema.* En mi mente y en mi corazón lo viví así. Y también que necesitaba ayuda. Admito que no me es grato contarlo, porque me hubiese gustado llegar a las mismas conclusiones sin tener que sufrir tanto. Pero es que, en algún momento, estuve perdido y acabado. En resumen: *recuperaba mi vida o me moría. Lo que elegí fue la primera situación.*

¿Cómo cuidar/acompañar a personas con depresión?

LA DEPRESIÓN: una de las enfermedades más frecuentes del siglo XXI

Autores: Ferré-Grau, Carmen; Lleixà-Fortuño, Mar; Albacar-Riobóo, Núria

Para cualquier familiar que convive y cuida a alguien que tiene un proceso depresivo (hijo/a, pareja, padre/madre, hermano/a etc.) lo más importante, en todo momento, es conseguir ayudar y acompañar a la persona a salir de su depresión, sin dejarse influir por el constante desánimo y desesperanza que le muestra el familiar cuidado.

Se han identificado síntomas comunes que conllevan cambios en la persona que sufre o padece una depresión:

Cambios afectivos: el síntoma central es la **tristeza**, que invade todos los aspectos de su realidad personal y de su relación con los otros: familia, amigos etc. Esta tristeza puede ir acompañada de comportamientos de ansiedad, irritabilidad y conflictos con el entorno.

Cambios cognitivos: notará cómo la expresión verbal del familiar depresivo se empobrece paulatinamente, su rendimiento intelectual y la capacidad y/o energía para hacer las cosas va disminuyendo progresivamente y puede llegar a un estado de total falta de energía y de interés consigo mismo y su entorno.

El pensamiento de su familiar debido a la depresión estará impregnado de un contenido triste y negativo. La enfermedad le hace ver las cosas de manera monotemática: dando vueltas constantemente a su **inutilidad, sensación de fracaso y desesperanza.**

Cambios fisiológicos: las necesidades fisiológicas se ven alteradas, son frecuentes las **dificultades en conciliar el sueño o el despertar precoz** (alrededor de las cuatro-cinco de la mañana) acompañados o no de la necesidad de dormir durante el día o la resistencia a levantarse de la cama. Existe también una **pérdida del deseo sexual, del deseo de acicalarse/arreglarse y cuidarse.**

También puede encontrarse que su familiar muestre una **pérdida del apetito** o una necesidad imperiosa de comer (la pérdida o el aumento de peso son frecuentes en los enfermos depresivos).

Es importante que usted reconozca en estos cambios del comportamiento/carácter habitual de su compañero/a, hijo/a, madre/padre, etc., **la manifestación de su enfermedad depresiva** y no lo viva como una manera de molestarle. Estos síntomas desaparecerán paulatinamente con la medicación adecuada y/o el tratamiento psicológico, pero pueden ser muy difíciles y duros de llevar para las personas que conviven con el enfermo, especialmente en depresiones que aun no siendo muy graves, desde el punto de vista médico-psiquiátrico, son de larga duración y por lo tanto **deberá convivir con un familiar triste y desanimado** durante mucho tiempo.

Es importante que usted conozca la medicación que toma el familiar y que tenga en cuenta que la depresión es una enfermedad que **se cura con el tratamiento adecuado**, no con «buenas intenciones». Usted puede ayudar a su familiar acompañándolo sin agobiarle y no enfadándose con él por sus cambios de comportamiento. **La depresión es una enfermedad y no un síntoma de debilidad** y la ayuda más valiosa es la búsqueda del tratamiento adecuado.

Debido a los pensamientos negativos sobre sí mismo y sobre su entorno una de las consecuencias más graves de la depresión **es el riesgo de un intento de suicidio**, si su familiar le muestra pensamientos y/o conductas no habituales que le hacen pensar que desea quitarse la vida es importante que lo comparta con los profesionales sanitarios. Ante cualquier duda o ante cualquier sospecha de que algo no va bien, lo mejor es consultar con un profesional para que le acompañe y le ayude a valorar el riesgo de suicidio y actuar en consecuencia «para proteger a su familiar depresivo de sí mismo». A veces este riesgo de suicidio es el que motivará su ingreso en una institución hospitalaria.

NOTA: los pensamientos de suicidio que puede mostrar su familiar son **consecuencia del trastorno afectivo** que está experimentando y no aumentan porque los comparta con usted o con los profesionales sanitarios.

Para incrementar la capacidad de cuidar a una persona con depresión pueden ser de utilidad algunas guías y documentos, disponibles en nuestra web, que diversos profesionales han elaborado con ese fin.

Fuente: http://www.cuidadorascronicos.com/como-cuidar/como-cuidaracompanar-a-personas-con-depresion/

Parte III

Comienzo
de mi recuperación

¡¡¡AHORA VEO QUE ES POSIBLE!!!

«¡¡Ha pasado la tormenta!!».

La parte III significa, desde el punto de vista del relato, el comienzo de mi recuperación, cuando empezó el análisis a fondo, sobre mi persona, tras salir de la emergencia. Producto de ese trabajo minucioso fui comprendiendo que los pensamientos y los sentimientos se encuentran influenciados de muy diversas maneras. Que todas las situaciones producen distintas reacciones en nosotros. Que si bien esto es así, hay condicionantes o escenarios más proclives a ayudarnos a pensar y sentir de una forma o de otra. Me imaginé que si todos los seres humanos llegáramos a esta Tierra con un kit básico de pensamientos y sentimientos tendríamos que reaccionar, por igual, ante los mismos estímulos exteriores. Generaríamos todos las mismas respuestas y situaciones. Sin embargo, esto no sucede así. ¿Por qué? Es evidente que poseemos condicionantes individuales, culturales, genéticos, históricos, de género, de edad, de lugar de nacimiento, etcétera. Por eso trataré de explicar dos aspectos que son soportes de lo que pensamos y sentimos. Por un lado, en el capítulo 11 desarrollo el filtro histórico (creencias), y en el capítulo 12 trato la autoestima. Lo hago aportando ejemplos en mi persona sobre esa comprensión. Y en el capítulo 13, La trilogía aplicada, me ocupo de todos los conceptos, integrándolos, aportando un cuadro de relaciones entre sí.

GLOSARIO

CLAN (NIÑEZ). Grupo de amigos.
CREENCIA. Estado de la mente en el que la persona asume como verdad y como válidos los conocimientos y experiencias que adquirió en su pasado.
MAQUINAR. Urdir, tramar algo. Planear algo difícil.
TRILOGÍA APLICADA. Concepto comprobado en los hechos.

Capítulo 11

Filtro histórico (creencias)

Todas las personas poseemos una historia personal que, en cierta forma, nos condiciona. Dicho de otro modo: tenemos una «marca de fábrica». Aunque suene raro decirlo así, sirve como idea para explicar que nuestra historia personal y nuestros orígenes actúan de guía ante las situaciones que nos va planteando la vida. También, a la vez, vamos aprendiendo en la escuela, en nuestro barrio, en nuestra familia…, enseñanzas propias de cada uno de nosotros. Todos asimilamos de la vida, en general, «particularidades» que son, justamente, nuestras y que llevamos como una maleta a cada lugar, a cada pensamiento, sentimiento o situación aportando su impronta. Ese aprendizaje actúa de prisma o filtro en nuestras acciones futuras.

Por ejemplo, si siendo niños, porque nos enseñaron mal, o por descuido o por otro motivo, aprendimos a sentarnos en una silla con una mala postura, es posible que el resto de nuestra vida nos cueste identificar que esa postura es incorrecta. Nos supondrá todo un proceso recuperar la posición adecuada para que no se nos siga torciendo la espalda. En psicología se habla de creencias, pero a mí me gusta llamarlo *filtro histórico* porque cuando lo tuve que trabajar, lo hice considerando las cuestiones de mi pasado que había admitido como definitivas, o que eran convicciones decididamente asumidas.

Me di cuenta de que el filtro histórico influía en muchos de mis pensamientos automáticos, con todo lo que eso implica. No quiero decir con esto que sea algo negativo, ni mucho menos. Pero si sufrimos una depresión, seguramente habrá algunas convicciones, procederes, presunciones, certidumbres, etcétera; en definitiva, filtros históricos que imponen, o sugieren, o complementan una determinada manera de actuar y no siempre la mejor. El filtro histórico apuntala las costumbres, los hábitos, nuestra reacción aprendida e inmediata ante los estímulos exteriores a nosotros. Y por último es uno de los soportes del pensamiento automático.

Por eso es tan importante tratar esto en nuestra terapia. Porque, como digo, es muy posible que haya filtros que nos hacen daño o que no nos permiten ver con claridad la forma de pensar o incluso de sentir. Con depresión seguro que es así, y por eso es muy necesario, repito, revisarlo. Cuento un ejemplo de una situación que viví en mi infancia, y que retrotraje a la terapia para poder analizarla. La utilicé con la intención de que me ayude a visualizar un aspecto de mi conducta que me hacía sufrir muchísimo. Era posible, así lo hablaba con la terapeuta, que el dolor actual que sentía se apoyara en un filtro histórico, en este caso, distorsionado. Esto condicionaba mi vida adulta.

Un relato de mi infancia

Soy el hermano del medio, mi hermana mayor me lleva ocho años y de la menor me separan once años. Esto, más allá de mostrar los tiempos que se tomaron mis padres en tener hijos, indica que en mi vida cotidiana de juegos y amigos no contaba con un hermano o hermana de edad cercana con quien jugar o hacer travesuras. Mis amigos del barrio hacían las veces de mis hermanos a la hora de divertirnos, o en el deporte, o en lo que tuviéramos ganas de hacer. Contaba, eso sí, con un «mejor amigo», que tenía mi misma edad y vivía a dos casas de la mía. Nuestros padres se estimaban y por tanto podía pasarme horas en su casa o él pasarse horas en la mía. Como éramos los más pequeños, en un grupo grande de vecinitos, siempre pugnábamos por destacarnos de alguna forma, para tener algún peso en las decisiones de los juegos, o en cualquier otra cosa. Justamente como éramos «los más chicos» recibíamos trato de favor. Pero otras veces esa condición jugaba en nuestra contra, y se confirmaba que en la niñez, o se es muy bueno, o se es muy malo con los más chicos de un grupo, o incluso entre hermanos. No hablo de maldad, sino de preferencias en los juegos o en tomar las «grandes decisiones»: si jugar a la pelota, subir a los árboles o lo que sea. En estas grandes decisiones ni mi amigo ni yo contábamos para nada. Por lo tanto, siempre nos sentíamos en desventaja con el resto y «maquinábamos» planes para que alguna vez se hiciera lo que nosotros queríamos. Teniendo en cuenta este precedente llegó un día donde surgió una gran oportunidad para «imponer», de alguna forma, mi decisión sobre la del resto. Esto fue trascendente en mi historia personal y por eso quiero contarlo.

Hacía unos días habíamos ido a la piscina de un nuevo vecino que tenía su casa bastante más lejos de las nuestras. Este amigo comenzaba a ser el que vivía más lejos. Pasamos un día maravilloso de verano jugando en el agua, haciendo miles de acrobacias y juegos que no estábamos acostumbrados, y todos quedamos muy impresionados. En esa época no había muchas piscinas en nuestros hogares y, por tanto, era toda una novedad. No recuerdo si al día siguiente o el posterior, mi mejor amigo no vino a mi casa para jugar y salí a ver al resto del grupo, esta vez solo. Cuando me acerqué, estaban hablando de lo bueno que sería si tuviéramos una piscina más cerca, en la casa de alguno de nosotros. Fue en ese momento cuando surgió en mi cabeza la idea (¡qué idea!) de que en mi casa había suficiente sitio para instalar una piscina: que bien podíamos hacer una excavación para que luego mi padre la fabricara. Esto fue lo que comenté y argumenté.

Un detalle importante creo que hay que considerar antes de continuar: en ese momento, cuando me escucharon, se juntaron dos situaciones especiales (no acostumbradas para mí hasta ese día). Por un lado estaba solo con todo el «clan» porque como mi mejor amigo no estaba tenía que asumir el reto o el desafío solo. Por otro lado, todos se fijaron en mí. Hubo un instante en el cual nació un sentimiento de solidaridad con todo el grupo (porque todos queríamos una piscina cerca), y a mí me gustaba mucho la idea. Pero, además, era la primera vez que recordaba llevar el timón de algo y que todos me siguieran. Se produjo un debate en el que más de uno decía que era una locura. Pero, por mi lado, mientras con el rabillo del ojo trataba de ver si venía mi mejor amigo a ayudarme en la decisión, insistía en que era buena idea, que a mi padre le iba parecer bien y que no teníamos más que ir a buscar palas y carretillas para sacar la tierra. Como observarán, nuestros padres no nos vigilaban todo el tiempo. El hecho mismo de ser una banda grande de niños a nuestros padres les gustaba porque, en el fondo, todos cuidábamos de todos. Por algún motivo ese día, durante un par de horas, en mi casa no había nadie o no se percataron de nuestros planes (creo más en esta opción). La cuestión es que terminamos haciendo un gran pozo en uno de los jardines de mi casa. Ahora mismo causa mucha gracia contarlo. Pero, claro, en algún momento tenía que venir algún adulto a poner orden. ¿Y quién vino? Mi padre. De haber tenido que elegir hubiese preferido que me viera mi madre o mi hermana mayor. Pero no, me tocó la más dura de las opciones. Inmediatamente se produjo una desbandada de mis amigos, asustados, saltando las tapias de mi casa por miedo a que mi padre les recriminara de alguna forma, especialmente a los mayores. Hasta ese instante en que apareció mi padre no me percaté en ningún momento de que estaba haciendo algo fuera de lo normal.

Mi padre estuvo fantástico, porque sus retos siempre eran «guiados». ¿Qué quiero decir con reto guiado? En vez de un castigo doloroso u otra cosa para reprenderme, me imponía hacer algo. Al hacer alguna tarea y completarla demostraba que estaba cumpliendo con la reprimenda o la corrección. En este caso me dijo: «Ahora tus amigos que se vayan y tú a tapar el pozo y dejar todo como estaba antes de empezar, te lleve lo que te lleve». Este era mi castigo. Me quedé horas tapando el pozo. Recuerdo que mis amigos me veían desde lejos, no sé si con misericordia o por el contrario riéndose a carcajadas (creo mucho más lo segundo). El único que miraba desde la tapia era mi mejor amigo, que parecía asustado, como si con él también fuera la cosa.

Esta historia de mi pasado la usé para analizar un pensamiento-sentimiento que hacía que me sintiera muy mal, en el que estaba involucrada la solidaridad. Siempre en mi vida adulta había adoptado ser una persona solidaria. Lo he dicho en otros momentos del libro. Pero no me daba cuenta de que esta cualidad o condición, mejor dicho, la llevaba muchas veces a extremos que me ponían en peligro a mí y a mi familia. Lo que cuento en el ejemplo del machaque, por ejemplo. Tuve muchas sesiones para poder desentrañar esto. Claramente son creencias o filtros históricos que por algún motivo nos empeñamos en no querer modificar. En el procedimiento que explico a continuación trato de buscar el primer pensamiento y sentimiento negativo que me generó ese filtro.

La situación surgía a partir de sentirme culpable si no ayudaba a alguien en concreto:

- Primera pregunta: «¿Qué es lo que dice de mí esto, de ser cierto?».
- Repregunta: «¿Esto qué significa para mí, para mi vida?».
- Sigue: «¿Qué creo que puede ocurrir?».
- Sigue: «¿Qué es lo peor que podría ocurrir si fuera verdad?».
- Sigue: «¿Qué imágenes o recuerdos tengo de un situación similar?».
- Sigue: «¿Qué significa esto para mí? ¿Por qué es tan importante?».
- Y llegando a la idea central que me ayuda para descubrir el filtro: «¿Cómo se originó esto? ¿Qué datos históricos tengo?».

La última pregunta produce una sensación de descanso del dolor que supone previamente ese mal pensamiento o sentimiento. Realicé varios ejercicios para contrastar los sentimientos que surgían de esos filtros, y la forma de abordarlos para aliviarlos o cambiar lisa y llanamente la creencia. Clarifica nuestra idea sobre ese asunto. Imagino que habrá otras formas de llegar a las creencias incorrectas y modificarlas para bien nuestro. El mismo estado de salud sano que vamos obteniendo por otros caminos nos ayuda con estas distorsiones.

En mi caso pude descubrir, en las sesiones y con ejercicios como el que mostré, que mantenía conceptos muy rígidos sobre una gran cantidad de cuestiones y esto hacía que mi vida se encontrara limitada. Tras estos descubrimientos, mi amplitud de miras y el respeto de lo que quiero, y no lo que me indica una creencia, crecieron mucho más en mí. No debemos olvidarnos de que estas también son las que apuntalan nuestros ideales. *Hoy mantengo un equilibrio con mis creencias, como con mis ideales.*

Capítulo 12

La autoestima

«Aprecio o consideración que uno tiene de sí mismo», dice una de las acepciones de la autoestima. Para alguien que viene de una depresión, o que la está sufriendo, hacer un trabajo para revisar esto es muy complicado. Es importante que revisemos de qué estamos hablando cuando hablamos de «autoestima maltrecha» o baja autoestima. Pero antes, creo necesario ahondar en el concepto mismo de lo que significa, en nuestra vida esta cuestión.

En primer término, digamos que la autoestima no es un traje que usamos para alguna ocasión especial, sino que cada día de nuestras vidas estamos acompañados por ella. Mientras estamos bien, ni nos enteramos de su existencia. Pero cuando pasa algo, cuando todo se mueve debajo de nuestros pies por motivos extraordinarios, ahí su papel se vuelve determinante porque es el nivel o la brújula de nuestro carácter.

En la explicación que desarrollo sobre la importancia de la terapia (parte II, capitulo 5), la imagino como el espejo de uno mismo, un espejo externo, pero espejo al fin. La autoestima es también un espejo, a mi entender, pero de nuestro interior. Ahora bien, con depresión, ese espejo está borroso o roto en muchos pedazos y no deja ver realmente quién hay del otro lado. No nos permite ver quién somos realmente. Porque de eso se trata: la autoestima trata de quiénes somos, de quién soy. En la acepción del principio dice: «consideración o aprecio de uno mismo». ¿Creemos que con depresión nos apreciamos o nos consideramos? Evidentemente, no.

La imagen que tenía de mí mismo en ese tiempo era totalmente falsa, como habrán visto a lo largo del libro. ¿Cómo hacía para recuperar un nivel de autoestima normal, o mejor dicho saludable? Voy a mencionar cinco aspectos que considero fueron la base para recuperar una autoestima sana.

- *Perdonarme*: fundamental para iniciar una recuperación eficaz. No había matado a nadie, ni era un esclavista, ni un maldito personaje siniestro. Era una persona que había equivocado cosas en su vida y, como otras, había hecho bien. Para perdonarse es imprescindible acudir a nuestro sentimiento más sano y ponerlo a nuestro servicio, para que surja el cariño hacia uno mismo, lo mínimo que necesita alguien en la vida. Necesitamos ser compasivos con nosotros mismos.
- *Constatar logros*: no puede existir alguien que no haya hecho nada en la vida. Incluso si no hemos hecho nada, hemos pensado hacerlo, por tanto, también conseguimos eso: pensar. Constatar logros es como hacer recuentos de los enseres de una casa. No tenemos que ver la calidad de ellos, solo tenemos que contar. Porque todos somos personas diferentes y todos tenemos logros particulares. Solo si no pensáramos, no tendríamos logros. Porque no podríamos registrarlos, simplemente por eso. Entonces no hay nadie que no haya hecho o pensado algo, eso es lo que tenemos que registrar. Esto nos ayudará a ponernos en un lugar real y no ficticio. No le daremos importancia a la autocrítica maligna, sino a los resultados. Solo ponerse a registrar algo conseguido ya es un éxito.
- *Mirarse con ojos limpios*: como si tuviésemos que hacerle una encuesta o entrevista para un trabajo a alguien que necesitamos en nuestra empresa o porque lo necesitamos de verdad. Imaginemos que precisamos un médico de manera imprescindible o, más todavía, somos quienes decidimos a través de esta gestión el próximo presidente de nuestro país. O sea, alguien que será el responsable de muchas cosas importantes en la vida de millones. ¿Cómo le haríamos esa encuesta? ¿Seríamos

equilibrados a la hora de preguntar o seríamos malsanos e injustos con alguien que nos urge que haga una buena labor? Creo que lo equilibrado o limpio no puede estar contaminado de una idea preconcebida. Nos guste o no la política, o la medicina, en un cierto momento debemos ser justos y ecuánimes a la hora de querer profesionales en estas tareas. El mismo criterio se trata al mirarse a uno mismo. Mirarnos y encuestarnos con limpieza, sin maleza malsana.

- *Las pruebas de recuperación*: mediante estas prácticas verificaba cómo trataba a mi autoestima, y cómo mejoraba. Indico algunas aquí:

Con el «soy»:
— *Soy Helios y también soy Edgardo.*
— *Soy un hombre.*
— *Soy alguien bueno.*
— *Soy solidario.*
— *Soy global.*
— *Soy un emigrante.*
— *Soy alguien que se adapta a las distintas realidades.*
— *Soy alguien a quien le gusta vivir aventuras.*
Con mis cualidades:
— *Puedo modificar los rumbos si es necesario.*
— *No me asustan los problemas.*
— *Persevero en mis objetivos.*
— *Puedo comprender el sufrimiento de la gente.*
Con mis sentimientos:
— *¿Puedo dar y recibir amor?*
— *¿Puedo quererme sin juzgar?*
— *¿Puedo ayudarme sin pedirme nada a cambio?*
— *¿Me trato a mí mismo como trato a mis hijos?*

- *Diálogo interior*: volver a dialogar con nosotros mismos. En mi caso, descubrí que no lo tenía. No es una tontería, ni mucho menos. Pregúntese cualquiera si hablamos para nuestros adentros y lo que nos contestamos. Si el diálogo o la charla interior está cortada o cuando recurrimos a ella la respuesta es un reto, o una crítica feroz, o algo que nos duele, es posible que no queramos saber nada con un «señor o señora interior» que nos maltrata. Por eso esto es algo que, cada día o como mínimo cada semana, hay que hacer. Un buen diálogo interior es síntoma de vida sana.

Ejercicio diálogo interior:

¿Dónde me siento?   >   Dónde quisiera estar.
¿Cómo me siento?   >   Cómo quisiera sentirme.
—— —— —— —— —— —— —— —— —— ——
¿Qué es lo que me digo a mí mismo?

En este esquema muestro tres partes de un diálogo: la pregunta real, la de qué quisiera y qué respuesta me estoy dando. Esa respuesta, si estamos mal, será dañina para nosotros. Si, en cambio, estamos sanos, la respuesta será equilibrada.

Pues bien, estos puntos que remarco creo que son parte del trabajo para tener una autoestima sana. Realicé muchos ejercicios, dialogué en abundancia con la psicóloga, salí muchas veces a caminar y a dialogar conmigo mismo para lograr que en algún momento empezara a sentirme bien. Hoy sé que el espejo que tengo para ver mi interior tengo que mantenerlo limpio siempre; así, de esa forma, la imagen y lo que me digo sobre las cosas, sobre mi familia, sobre mi trabajo, en definitiva sobre mi vida, son el resultado real o lo más cercano posible a lo real. Entiendo que siempre puede haber alguna pequeña distorsión en el espejo que nos haga ver algo distintas las cosas, pero lo que no puede pasar es que la autoestima nos muestre, como lo viví durante la enfermedad, que era un inútil, o que le debía algo a medio mundo. Una autoestima sana nos mantiene siempre a flote. *Hoy estoy a flote navegando por el mar de mi vida sin las tormentas que sufrí durante la depresión.*

Capítulo 13

La trilogía aplicada

Con toda sinceridad: estaba esperando llegar a este capítulo del libro, porque quería quitarme las ganas de ver, con mis propios ojos, lo que di en llamar la «trilogía aplicada». No es nada extraordinario, ni nada que no se haya escrito o estudiado antes por los profesionales de la psicología. No tenemos que verlo en ese sentido. El valor que tiene es el de la comprensión de una terapia y de un tratamiento eficaz. Es alguien concreto que vivió y sufrió una enfermedad terrible y que pudo descubrir, trabajando, una teoría aplicada a la vida cotidiana. Desde ese punto de vista tiene una validez digna de mencionar.

La relación que existe entre el pensar y el sentir se condiciona por las situaciones que nos toca vivir. A su vez, nuestro cuerpo es el que recibe nuestros estados de ánimo, y los asimila bien o mal según cómo nos encontremos. Todo esto enmarcado en un filtro histórico propio, y de nadie más, que hace de contrapeso o de impulsor de lo que queremos. Para finalizar con todo este cuadro, la autoestima nos muestra con su espejo de qué forma se encuentran las partes de esta trilogía. Y si llegamos a ver cada resquicio de nuestro ser con la suficiente amplitud, limpieza y amabilidad, para vivir como queremos hacerlo.

Trilogía aplicada

La relación que existe entre todos estos factores es lo que en gran medida puede explicarnos si estamos bien o si estamos mal. Los tres motores por los cuales nos movemos por la vida, pensamientos, sentimientos y situaciones, estarán más o menos a gusto nuestro, pero debemos saber que depende de nosotros si queremos ser felices. Estos motores empujan por la vía el tren de nuestra vida, mientras el filtro histórico hace que las ruedas de la locomotora y de los vagones se afirmen al terreno de manera firme y sólida. Así, no descarrilamos. Siguiendo con la metáfora, la autoestima, si es diáfana, nos permitirá ver hacia adelante y observar alrededor del tren, cientos de kilómetros de todos los paisajes que lleguen a nuestra vista. Por tanto, ¡a disfrutar el viaje! Y, por último, y no menos importante, nuestro querido y estimado cuerpo, si vive sano y no lo maltratamos, nos permitirá pensar y sentir todo lo que deseamos. Degustar lo más sabroso, oír la mejor música, sentir en nuestra piel la suave brisa del viento…, al tiempo que advertimos, a nuestro paso, las flores del campo y del bosque, que nos traen perfumes y olores maravillosos.

¿Cómo se forma la autoestima?

- El concepto de uno mismo va desarrollándose **poco a poco a lo largo de la vida**, cada etapa aporta en mayor o menor grado, experiencias y sentimientos, que darán como resultado una sensación general de valía e incapacidad. En la infancia descubrimos que somos niños o niñas, que tenemos manos, piernas, cabeza y otras partes de nuestro cuerpo. También descubrimos que somos seres distintos de los demás y que hay personas que nos aceptan y personas que nos rechazan. A partir de esas experiencias tempranas de aceptación y rechazo de los demás es cuando comenzamos a generar una idea sobre lo que valemos y por lo que valemos o dejamos de valer. El niño gordito desde pequeño puede ser de mayor un adulto feliz o un adulto infeliz; la dicha final tiene mucho que ver con la actitud que demostraron los demás hacia su exceso de peso desde la infancia.

- **Durante la adolescencia,** una de las fases más críticas en el desarrollo de la autoestima, el joven necesita forjarse una identidad firme y conocer a fondo sus posibilidades como individuo; también precisa apoyo social por parte de otros cuyos valores coincidan con los propios, así como hacerse valioso para avanzar con confianza hacia el futuro. Es la época en la que el muchacho pasa de la dependencia de las personas a las que ama (la familia) a la independencia, a confiar en sus propios recursos. Si durante la infancia ha desarrollado una fuerte autoestima, le será relativamente fácil superar la crisis y alcanzar la madurez. Si se siente poco valioso, corre el peligro de buscar la seguridad que le falta por caminos aparentemente fáciles y gratificantes, pero a la larga destructivos, como la drogadicción.

- La baja autoestima está relacionada con una distorsión del pensamiento (forma inadecuada de pensar). Las personas con baja autoestima tienen una visión muy distorsionada de lo que realmente son; al mismo tiempo, estas personas mantienen unas exigencias extraordinariamente perfeccionistas sobre lo que deberían ser o lograr. La persona con baja autoestima mantiene un diálogo consigo misma que incluye pensamientos como:

  ° **Sobregeneralización**: a partir de un hecho aislado se crea una regla universal, general, para cualquier situación y momento: He fracasado una vez (en algo concreto); ¡Siempre fracasaré! (se interioriza como que fracasaré en todo).

  ° **Designación global**: se utilizan términos peyorativos para describirse a uno mismo, en vez de describir el error concretando el momento temporal en que sucedió: ¡Que torpe (soy)!

  ° **Pensamiento polarizado**: pensamiento de todo o nada. Se llevan las cosas a sus extremos. Se tienen categorías absolutas. Es blanco o negro. Estás conmigo o contra mí. Lo hago bien o mal. No se aceptan ni se saben dar valoraciones relativas. O es perfecto o no vale.

° **Autoacusación**: uno se encuentra culpable de todo. Tengo yo la culpa, ¡Tendría que haberme dado cuenta!

° **Personalización**: suponemos que todo tiene que ver con nosotros y nos comparamos negativamente con todos los demás. ¡Tiene mala cara, qué le habré hecho!

° **Lectura del pensamiento**: supones que no les interesas a los demás, que no les gustas, crees que piensan mal de ti sin evidencia real de ello. Son suposiciones que se fundamentan en cosas peregrinas y no comprobables.

° **Falacias de control**: sientes que tienes una responsabilidad total con todo y con todos, o bien sientes que no tienes control sobre nada, que se es una víctima desamparada.

° **Razonamiento emocional**: si lo siento así, es verdad. Nos sentimos solos, sin amigos, y creemos que este sentimiento refleja la realidad sin parar a contrastarlo con otros momentos y experiencias. «Si es que soy un inútil de verdad»; porque «siente» que es así realmente.

Fuente: http://www.psicologia-online.com/autoayuda/autoestima/autosuperacion.shtml

Parte IV

La vida después de la depresión

Cuando comencé con los primeros apuntes, pensando en la estructura del libro, imaginé una parte en donde podría darme el gusto de escribir sobre las enseñanzas que me dejó toda esta experiencia. Cómo esto ha contribuido, categóricamente, para que hoy lleve una vida plena, satisfactoria y productiva. *Vivo como quiero vivir. Esta situación es la que me permite decir que se puede salir de una depresión,* recuperarse e incluso fortalecerse. Ganar salud y sabiduría. Por eso es tan importante valorar el cuidado personal. Pensar que si nuestro mundo interior cambia para bien, también cambiará el mundo exterior. No es un cuento de hadas, porque no estoy diciendo que todo lo feo e inhumano de este planeta se vaya a ir porque cambiemos nuestra forma de pensar y de sentir. Lo que digo es que si estamos bien con nosotros mismos es cuando mejor podemos estar con el resto de la humanidad, y es cuando esas cosas feas e inhumanas tienen menos posibilidades de hacernos infelices.

En todos los aspectos de la vida, cuando emprendemos un proyecto, más si es importante, es un buen detalle concluirlo de forma apropiada. Por eso mi pretensión en esta parte IV es poder contar todo lo que alcancé a aprender del trabajo que hice para recuperarme, aquello que resultó sustancial y que pueda ser de utilidad para otras personas. Porque creo que estos conceptos pueden ser usados incluso a modo de prevención o para reforzar ideas de un vivir mejor. Desarrollo tres aspectos importantes como son las posibles recaídas de la depresión (capítulo 14), algo que es imprescindible tener en cuenta, porque la proporción de enfermos que recaen en esta dolencia es muy grande como para no considerarlo. Por otro lado, me pareció útil hacer un resumen de las claves o conclusiones más sólidas que deja el libro (capítulo 15), aquello que desde mi punto de vista resulta más llamativo a la hora de decir: «Por qué me curé y qué aprendí». Luego, como último paso (capítulo 16) del libro me explayo con algunos consejos y opiniones que me gustaría que quedaran como cierre de todo este cometido.

GLOSARIO

CLAVE. Elemento decisivo en una situación o circunstancia. Esencia. Idea por la cual se hace comprensible algo que era difícil de entender.

CRIBADO. Selección rigurosa. Colado, desgranado, filtrado, depurado.

«DENTRO DE UN PAQUETE». Encerrado, aprisionado, incomunicado.

«HACER NIDO». Quedarse en el pensamiento, enquistarse.

PUÑETERA. Molesta, fastidiosa, complicada e insidiosa.

PREMISA. Cada una de las proposiciones de un razonamiento que dan lugar a la consecuencia o conclusión de ese razonamiento. Idea, principio.

TEMAS. Compromisos, asuntos que hay que resolver.

Capítulo 14

Las recaídas

Hablar de que reincidimos en una depresión es un asunto delicado. Porque volver a vivir algún episodio depresivo, o peor, caer de nuevo en las garras de la enfermedad en su expresión más virulenta, es muy grave. *Por eso hay que considerar a las recaídas, a mi entender, como parte del mismo tratamiento que hicimos para curarnos de la depresión.* Ya lo he dicho: no somos un artefacto al que con cambiarle una pieza ya lo reparamos. Todo lo contrario. Por eso lo importante es que, además de salir de la depresión, reunamos en el camino mecanismos y experiencias que nos ayuden a desarrollar una vida sana, posterior a esta enfermedad. También considero que debemos pensar que si en algún momento sufrimos una depresión, en gran medida fue porque no conocíamos los mecanismos de defensa que nos protegen ante estas situaciones. Si hubiera una vacuna antidepresiva sería uno de los inventos más importantes de todos los tiempos. Pero no la hay. Lo que hay es una medicina que trata de paliar —como puede— las desgracias que causa esta enfermedad. Pero esta tiene dos cosas muy valiosas que sirven tanto para un depresivo (o para alguien que reincide) como para alguien en principio sano. Estas son: la prevención a través de la terapia psicológica, por un lado, y, por otro, la medicación de apoyo (en caso necesario) para los peores episodios de esta enfermedad.

Entonces, si no poseemos una vacuna pero tenemos estas dos herramientas para defendernos, *lo que necesitamos es saber por qué llegamos a una depresión y, especialmente, a las recaídas,* las que se producen al tiempo de habernos, supuestamente, curado. Con seguridad en alguno de estos dos aspectos, la terapia y/o la medicación, no hemos completado el proceso que era necesario para estar del todo sanos. Siempre insistiré en que la salud mental, salvo los casos genéticos o producto de alguna otra enfermedad condicionante, dependen en lo práctico de nosotros mismos. Considero que somos responsables de querer estar bien o de asumir estar mal. Sé muy bien que los malos pensamientos pueden estar al acecho y quitarnos esa responsabilidad de nuestras manos. Pero mientras estemos en condiciones de comprender, tenemos que usar la sensatez con nosotros mismos. En los casos de recaídas de esta enfermedad, por lo que me he informado, se dan dos circunstancias recurrentes: *por un lado, el paciente no cumple con las recomendaciones referidas a la medicación* que le recetan o actúa de forma ambigua con respecto a ella; sin contar los efectos secundarios que le puede ocasionar; o lo peor, desde mi punto de vista, que es no verificar claramente si está obteniendo resultados positivos al ingerirlos cotidianamente. En cualquier caso, imaginemos que el medicamento que nos dan es para curarnos de un cáncer; ¿actuaríamos de forma irresponsable o poco cuidadosa si fuera así? Lo que digo es que si la medicación no surte efecto debemos transmitirlo inmediatamente, y lo mismo si nos produce algún efecto secundario. Pero lo que no tenemos que hacer es abandonarla, o no seguir las indicaciones, si no consultamos previamente a los médicos. Esto es crucial comprenderlo. Porque muchas de las recaídas, de las más graves, llegan después de dejar de tomar estos medicamentos. Coincidiremos (el primero aquí presente) en que no es agradable tomar «drogas» para estar bien de la «cabeza». Pero convengamos que dejarlas, sin avisar a nuestros médicos, nos puede ocasionar una grave enfermedad, incluida la muerte. Más claro, creo, no puedo decirlo.

Por otro lado, el otro aspecto pre-curativo, curativo o precautorio es la propia terapia. Es en este punto donde creo que hay que revisar los conceptos de por qué ocurren las depresiones y por qué recaemos en la enfermedad. Es posible que los motivos sean los mismos. Lo primero que me preguntaría es cómo me pasó o qué es lo que me pasó para volver a sufrir depresión; cuáles son los aspectos que no tuve en cuenta, o que no aprendí en su momento, en caso de haber hecho terapia, para recaer en un episodio depresivo, o bien que nos vuelva del todo en la enfermedad. Queda claro que busco esas respuestas dentro de la misma terapia. Pero cuando hablo de esta, no hablo de lo que me dijo (o enseñó) o no dijo (y no me enseñó) el terapeuta, sino de mi comprensión de las cosas. Hay una condición que todos tenemos que es el amor propio, que muchas veces nos juega una mala pasada y nos hace pensar que somos inmunes a todo. Pues la cuestión es que *si no entendemos los porqués fundamentales de caer en una depresión, tampoco comprenderemos por qué caemos en las recaídas.* Entonces lo que intentaré es explicar cuáles pueden ser esas causas.

Se considera de dos años el periodo donde más posibilidades de recaídas podemos tener, pero esto no significa que pasado ese tiempo no podamos tener otros episodios o reincidencias profundas. Depende, fundamentalmente, de hasta dónde hemos dado con esas causas que necesitamos conocer. Mencionaré dos pre-recaídas que me permiten explicar en concreto de lo que estamos hablando. En ambos casos las situaciones vividas se producen bastante tiempo después de haber vuelto a trabajar.

Ejemplo 1
Había vuelto a asumir una cantidad muy grande de compromisos sin controlar hasta dónde podía hacerme cargo de ellos. Esto me ocasionó la sensación de que volvía a vivir lo mismo que cuando sufrí la depresión. Por vergüenza, o por creer que ya estaba totalmente recuperado, no acudí a terapia. A la vez, y sin darme cuenta, había abandonado las prácticas que había aprendido durante el tratamiento, por ejemplo, la relajación. Esto me generó desconcierto. «Vuelvo a lo mismo», me dije. En algunos apuntes anoté lo siguiente: «Quería ir a sesión, tuve la intención. Inten-

te llamar por teléfono pero no quise molestar». «Estoy con muchos "temas", pero bien, pero estoy agotado, no como cuando estaba deprimido, hay cosas de las que tengo que hacer que son difíciles». «¡Cuidado, se te están generando malos pensamientos!».

Ejemplo 2

Mantuve una discusión muy fuerte con mi hijo pequeño, que tampoco conté en terapia hasta bastante después, dándole un sentido diferente. El motivo de la discusión no es relevante, porque de lo que se trata es de la ira que suponía haber perdido y que regresaba. La ira tiene un faceta de tanta irreflexión que uno supone que ha fracasado en todo lo que trabajó hasta ese momento. No tengo notas apuntadas sobre este ejemplo, pero recuerdo que me costó varios días recuperarme. En su momento, no veía salida.

Evidentemente, harían falta más ejemplos para mostrar un cuadro de pre-recaída, pero aun así se pueden sacar algunas conclusiones. Por un lado, en las dos ocasiones oculté en terapia lo que me sucedía, lo cual es un poco tonto, arriesgado y también, por qué no, peligroso. Es como escondernos de nosotros mismos. Si leímos el concepto del espejo, coincidiremos en que la terapia, en realidad, es *observarnos a nosotros mismos*. En esas dos oportunidades no me vi a mí mismo, no quise hacerlo. El análisis de cómo estamos no lo hace el terapeuta, lo hacemos nosotros. Y en el buen sentido, nos servimos del profesional para ayudarnos. Por eso hay que entender que el primero que se autoanaliza (con terapeuta o sin él) es uno mismo, diciéndose la verdad. Lo que estaba haciendo en estos ejemplos era mentirme. Así es difícil corregir lo que nos suceda. Por lo tanto, una conclusión muy importante es *no mentirse cuando nos encontramos mal.*

Lo siguiente que es válido considerar es con respecto a los síntomas que se creían perdidos. Por más que nos curemos de la depresión no se pierden los malos pensamientos. Lo que sucede es que estos no se mantienen, «ni hacen nido» en nosotros. Logramos recuperarnos de estos momentos con rapidez o, sencillamente, no llegamos a sufrir ningún síntoma. La conclusión es que vivir, simplemente eso, trae momentos difíciles, no necesariamente depresivos, que tenemos que tomar con naturalidad. La forma sana de relacionarnos con nuestro pensar y sentir es la solución. Para evitar una recaída, entonces, si nos llega un mal pensamiento y sentimos que puede ser un síntoma, lo mejor será aplicar los «tres momentos» que explico en el capítulo 8: observar, calificar e interpretar de nuevo, para luego, con calma, analizar qué pudo suceder. Nunca entrar en el auto-ataque, que, justamente, es algo que empuja a recaer. También sirve volver a aquellas acciones que nos ayudaron a salir de la depresión, no quedarse con la idea de que si nos toca pasar un mal momento, o muchos malos momentos, no podemos recurrir a lo que nos ayudó tiempo atrás.

Lo siguiente que resumo de los ejemplos mencionados es sobre la relación con el «hacer». Asumir responsabilidades por encima de nuestras posibilidades es un error La cuestión no es la cantidad de "cosas" que hacemos, la cuestión es poner a nuestro ser primero en nuestras consideraciones y en nuestros planes. Entiendo que esto es difícil para muchas personas. A mí me llevo más de tres o cuatro años entenderlo. Poner a nuestro ser primero no quiere decir no ser responsable o egoísta; todo lo contrario. Si uno hace más de lo que puede asumir o está en condiciones de asumir, algo no estará cumpliendo de forma acertada. En cambio, si toda nuestra capacidad y atención (el porcentaje máximo que podamos darle) es para aquello que decidimos *con tranquilidad* hacer, seguramente seremos más efectivos. Se me viene a la cabeza un ejemplo simbólico para concluir esto que explico.

Imaginemos un malabarista que practica con sus bolas de juego. No importa la cantidad de bolas que maneje, pueden ser dos, tres, cuatro, etcétera. Si uno vive en su ser y se encuentra equilibrado, podrá ir sumando pelotas para practicar hasta que llegue un punto donde no podrá sumar más. Este punto sería el *equilibrio*. En cambio, si sigue sumando pelotas con las que practicar habrá un momento donde perderá el control. Pero además si uno vive, o asume vivir, lo que está sucediendo dentro de cada pelota (obligaciones, acciones, planes...), o sea, si vive en los resultados, vive en el hacer, sin ponerse primero a sí mismo, también nos generaremos problemas. Por tanto, cuidado con sumarnos mucho para hacer y cuidado con vivir fuera de nosotros. Esto es muy importante tenerlo presente siempre y en particular después de un proceso depresivo difícil de superar. Resumiendo, entre aquello que aprendí por mí mismo de esas pre-recaídas y de lo que pude estudiar para preparar este capítulo, me quedo con las siguientes conclusiones:

- **Detectar mis propias trampas**: mirarnos de forma límpida y no mentirnos. Si queremos vivir lejos de la depresión lo mejor es trabajar en ello a conciencia. Un buen método será apuntarse aquellas cosas que nos pueden hacer mal y buscar una forma distinta de relación con ellas. Tener precaución con los síntomas que sabemos que llevamos peor.

- **El desgano, el descuido, el falso amor propio**: asumamos que estos serán las primeras trampas que nos pondrá la misma depresión para hacernos caer en ella.
- **La preocupación no es acción**: no ganamos nada preocupándonos, solo ganamos ocupándonos. Si hay algo que no podemos resolver, sea lo que sea, no lograremos lo que buscamos si le damos mil vueltas de forma dolorosa en nuestro interior. Lo conseguiremos, para hacerlo bien, o para abandonarlo, si nos respetamos en cuanto a que en ese instante no lo podemos solucionar. Si no podemos resolverlo, dejémoslo para más adelante. La frase tan manida de: «Si lo puedo solucionar, no es un problema, y si no lo puedo solucionar, tampoco es un problema», es totalmente válida en esta cuestión.
- **Tomar medicación y no hacer terapia**: ¡cuidado con esto! En cualquier situación o circunstancia es imprescindible que estemos asesorados por médicos o profesionales acreditados. Pero, además, no basta con tomarnos algo y ya está. Podremos engañarnos muchas veces tomando medicación u otras sustancias para suponer que nos sentimos mejor: *saber las causas por las cuales nosotros mismos producimos el sufrimiento es el verdadero medicamento*. Si necesitamos apoyo, recurramos a aquel que estudió para saber qué droga o remedio es mejor. Nuestra vida y la de nuestros seres queridos dependen de ello.
- **Aprendamos a aceptar que no todos nuestros pensamientos son buenos, correctos, necesarios, justos o equilibrados**: respetemos esto. No dudemos que muchas veces pensamos mal. No quiere decir que estemos locos o con depresión; significa, nada más, que el ser humano, incluido el que se encuentra sano, convive con

pensamientos de este tipo. No quiere decir que les demos cabida. Aprender esto también es muy bueno.

- **Asimilemos cuando nos toca pasar un mal momento**: saquemos conclusiones positivas, no usemos la crítica malsana contra nosotros. Seamos comprensivos. Eso nos hará más fuertes.

Capítulo 15

Claves del libro

LIBROS Y CLAVES.

La premisa

En algún momento, como cuento al principio del libro, vino a mi mente un pensamiento muy fuerte y, como tal, movilizador: «Tengo que contar lo que me pasó, a alguien le va a servir». No siempre «los tengo o los debo» son algo tan malo como cuando tenemos depresión. Una premisa casi excluyente surge de aquí. Evidentemente, se apoya en mi intención de ser solidario con aquel que sufre. De otra forma la experiencia hubiera quedado para un reducido grupo de personas, aquellas a las que contara algún detalle de lo vivido. Pero tampoco se puede narrar algo por partes si la intención es ser comprendido. Creo que justamente la misma se cumple con la elaboración del libro y que los lectores puedan llegar a él, especialmente aquellos que viven momentos difíciles. Es el propósito inicial y final de esta premisa. Por eso me resulta tan grato este tramo, porque siento llegar el momento en el que esta se cumple.

Las claves

Varias veces, personas de mi entorno me dijeron que sería valioso que hiciera un resumen sobre los puntos más sobresalientes del tratamiento, aquellas cuestiones que más me pudieron llamar la atención y que puedo resumir como *las claves*, como si en pocas palabras me tuviera explicar y no tuviera tiempo. Por eso hice una recopilación de estos aspectos. Puede resultar indicativo para sacar conclusiones.

Darme cuenta de que algo raro me sucede: «Los momentos de lucidez», así había escrito en algún lugar de mis cuadernos antes del diagnóstico. Es normal que no vivamos reflexionando todo el tiempo sobre nuestras cosas. Depende mucho del carácter de cada uno. En todo caso, a mí me sucedía que, de tanto en tanto, venía a mi mente el pensamiento de: «¿Qué es lo que me pasa? ¿Por qué lo paso tan mal?». Había un malestar cotidiano que crecía y crecía y que no sabía dónde acabaría. Haberme hecho esas preguntas fue el origen de buscar ayuda, o en todo caso, la motivación para averiguar qué me pasaba. Siendo sensato, pienso que tal vez a esas preguntas no les había dado cabida muchas veces en años anteriores. Pero agradezco haberlas hecho caso cuando lo hice. La semilla de mi curación empezó con ellas.

Tomar la decisión de estar enfermo: «Somos nuestro primer médico» es otra de las frases que había escrito en algún sitio. Me permite explicar lo *categórico* que es decidirse a estar enfermo. Porque los médicos pueden informarnos de esto, pero si uno no lo asume, no lo incorpora, sus pensamientos, sentimientos y situaciones repetirán las dudas, con lo cual sencillamente podemos morirnos sin habernos dado cuenta de que estábamos aquejados de algún mal. Estar enfermo es un «estado» diferente, es un momento especial de nuestras vidas al que le tenemos que dar la importancia que se merece. ¿Y esto qué quiere decir?: que si estamos así tenemos que completar todas las etapas necesarias para curarnos, que no vale querer evitarlas, ni mentirse con respecto a esto. *Comprender la verdad de una situación de enfermedad es la mejor forma vital de afrontarla.* Entiendo lo molesto y perturbador que es estar de esta forma. Pero es peor estar enfermo dos veces, una de la enfermedad propiamente y otra del estrés producido por esta. El estrés nos lo genera no asumir que nos encontramos en ese estado diferente. Este concepto es válido tanto para una depresión como para cualquier otra enfermedad. Hay que asumir que la vida es, también, en algún momento, enfermedad. En mi caso viví muchos meses previos en los que no asumía que tenía depresión, y no solo me lastimaba a mí, sino también a mi familia.

Supongamos que tenemos alguna afección muy contagiosa (la depresión, en cierto sentido, también lo es) pero que nos permite andar. No solo arriesgamos nuestra vida, sino la del resto de nuestra comunidad, incluidos nuestros seres queridos. No es aceptable la idea de llevar así nuestras enfermedades. En mi caso vuelvo a agradecer esa decisión y haber escuchado el consejo repetido de mi psicóloga. Pero para cualquiera, si no tiene un terapeuta a mano, le es válido dar un primer paso e ir a ver a los médicos clínicos del ambulatorio más cercano e insistir si uno se encuentra mal. En cualquier caso, *tenemos* que pedir atención; los médicos de verdad podrán verificar cualquier síntoma que se sufre durante una depresión e indicarnos qué debemos hacer. Cuando digo que *somos nuestro primer médico* estoy reforzando la idea de que somos el primer eslabón de cualquier proceso curativo. Sin nosotros no hay enfermedad, y sin nosotros tampoco hay cura. Aunque suene a verdad de Perogrullo, asumirlo es la cuestión.

Preparar un escenario acorde para tratarme: está claro que si no tramitaba la baja médica y hablaba en mi trabajo y en la ONG no iba a poder dedicar mis esfuerzos en descubrir lo que me pasaba en profundidad. Comprendo que no todos podemos tomarnos esos tiempos. Pero creo que si asumimos la enfermedad es necesario generar un espacio propio, de tiempos y cuidados que nos permitan hacer un tratamiento. En mi caso enumeré: familia, terapeuta, tiempo para mí, medicación, y libros para ayudarme. Si no tenemos familia, tendremos amigos, y si no tenemos amigos, tendremos a los profesionales a los que acudimos. En caso de que tampoco tengamos a esos profesionales (porque no nos sirven de apoyo moral o sentimental), siempre existen ONG de cualquier tipo cerca de cualquier pueblo o ciudad donde vivamos. Estas asociaciones en general están integradas por personas con inquietudes de ayudar al prójimo. Si no pueden ayudar en lo concreto de una depresión, sí pueden ayudarnos a encontrar algún otro tipo de apoyo. En la ONG en la que estuve, el 50 % de la información y orientación que dábamos era sobre aspectos muy diferentes a los específicos y propios de la organización. Encontrar un buen terapeuta no es una tarea menor; por eso debemos hacer un esfuerzo en este sentido. Pero si nos sucede que no tenemos suerte, mientras seguimos buscando, hagamos acopio de todos los datos posibles sobre los temas referidos a una depresión. Hoy hay cada vez más información al respecto en todos lados; utilicémosla para con nosotros. Generemos un cambio en nuestras vidas para ocuparnos de algo tan complicado como la preocupación extrema, el estrés o cualquier otra de estas enfermedades. Démosle la importancia que tiene.

Hacer mi propia lista de síntomas: «Aquello que me chirriaba», haberme retratado como lo hice a través de los síntomas es *la clave determinante, porque me demostró que estaba enfermo.* Si uno tiene gangrena, le quitan una pierna o un brazo, o sea, se entera de que tiene una enfermedad, porque lo ve, lo siente y lo verifica físicamente. Pero la depresión, como hemos visto a lo largo del libro, es muy puñetera, y no nos permite ver con claridad las cosas. La forma de descubrir nuestros síntomas comienza por revisar nuestro comportamiento comparándolo con tiempos mejores. Siempre habrá un aspecto que nos llame la atención, cuantos más encontremos, mejor, pero siempre se empieza por uno. En mi caso fue la discusión con los abuelos. He sido un discutidor nato toda mi vida, pero nunca llegué a enervarme, enfurecerme y perder los estribos con tanta frecuencia como en esa época. Lo mismo cualquiera podrá confirmar sobre otros aspectos de su personalidad que note «raros». Esas rarezas son las que hay que comentar con nuestra familia y los médicos.

El trabajo conmigo mismo: «Tarea: hablar conmigo»; en mis listas figuraba ese detalle. ¿Qué significaba? Por lo menos dos cosas: que hasta ese momento no tenía la costumbre de autoanalizarme y que, por otro lado, había cosas importantes que acordar conmigo mismo. Pero luego vino todo un proceso de trabajo con mi propia persona en donde buscar motivos, en donde cambiar el chip para producir una nueva manera de tratarme. Como cuando explico lo de la medicación, me preguntaba qué haría yo si mis hijos tuvieran lo mismo, y la respuesta siempre era: «Hacer todo lo necesario». Bueno, conmigo lo tenía que hacer. Quiero decir que, solucionada la aversión y el desapego inicial, ocuparse luego de uno mismo es una tarea muy grata. Para mí fue un descubrimiento. Supongo que a muchas personas esto les puede extrañar. Pues a mí lo que me extrañaba era estar atendiéndome, cuidándome. En muchos momentos dudé, por supuesto. Hay ejercicios que al principio no los encontraba útiles, pero entonces me salvaba la sensatez o la actitud.

Hubo en todo este proceso un detalle que quiero remarcar: escribir sobre mí en los cuadernos. Sentarme en el balcón con música y mis cuadernos (aparte de los libros) al principio era una tortura, pero con el tiempo resultó todo un placer. Establecí de esta forma, o reformulé, un diálogo con mí mismo. Hoy vivo como quiero vivir; ese diálogo es el que me ayuda cotidianamente. No sería justo ni correcto interpretarlo como individualismo o egoísmo. Vivir bien con uno mismo es la mejor forma de relacionarse con los demás. Hay muchas pruebas de esto.

Las herramientas descubiertas, una nueva forma de vivir: haber llegado a la trilogía fue un acontecimiento para mí. Si desenmascarar los síntomas fue reconocer que estaba enfermo, este fue el remedio final. No necesitaba de brujería ni de extraterrestres para curarme, sino que *las respuestas las tenía en mi mano.* Eso es lo más fuerte que descubrí durante la terapia y el tratamiento; la aplicación de los conceptos de la trilogía y los demás conceptos que la completan me dieron la medicina que estaba necesitando. Había una nueva (o recuperada) forma de vivir. Ese es el gran paso que di, y por eso quiero recalcarlo.

Creerme todo lo nuevo que aprendí: sonará redundante, pero es que en un aprendizaje de algo que nunca hicimos anteriormente nos puede suceder con facilidad que hagamos las cosas un tiempo y luego las abandonemos. Rápidamente nos generamos motivos para dejar de cuidarnos. Entonces, haber mantenido en el tiempo las distintas herramientas terapéuticas que asimilé y luego sostenerlas durante el resto de mi vida es otra de las claves del proceso de recuperación definitiva.

Una actitud distinta: este ítem puede ser discutible y discutido, porque hablamos de una condición que con la enfermedad es muy complicada de poder mantener. Pero es que de no haber cambiado mi actitud seguramente seguiría enfermo o tal vez habría muerto, no lo sé. La actitud me provocó el cambio, no solo las comprobaciones de que me encontraba enfermo. Como digo en algún lugar:

«Me gusta sufrir». Esto quiere decir que me había adaptado al sufrimiento y lo había asumido como normal. Siendo muy gráfico: podía estar recibiendo «bombas» a cada momento a mi lado y no prestar atención. La actitud me permitió en todo caso darle importancia a la primera bomba, que fue que me dijeran que tenía depresión. Y luego sostenerme en las decisiones, porque es muy difícil mantenerse firme viviendo esa maldita enfermedad.

Los libros

Necesito mencionar de manera muy especial a mis «amigos»: los libros. Fueron muy importantes en mi recuperación, y *a posteriori* también los considero otra de las claves. Normalmente, en materiales escritos referidos a temas de medicina o en general se hace mención de la bibliografía que se ha utilizado, o que ha ayudado al autor, y se hacen menciones en distintos partes de ellos. En mi caso, en honor a los autores que he leído, quiero hacer una lista de ellos y citar una frase que resuma alguno de sus pensamientos. Es un humilde homenaje que quiero dedicarles. De verdad que estimo mucho haberme topado con ellos en el tratamiento. Son ellos, en el orden en que los fui encontrando:

Raimon Gaja (*Bienestar, autoestima y felicidad*)
«La depresión y otros estados de ánimo alterados tienen el poder de transformar y empañar con su espíritu negativo el mundo que nos rodea. Cuando, por ejemplo, contemplamos nuestro entorno desde la tristeza, la desesperanza o la frustración, trasmitimos nuestro estado de ánimo a todo aquello que miramos».

Eckart Tolle (*El poder del ahora*)

«Si no hay alegría, facilidad o liviandad en lo que hace, no significa necesariamente que usted tiene que cambiar lo "que" hace. Puede ser suficiente cambiar el "cómo". *Cómo* siempre es más importante que *qué*».

Edna B. Foa, Reid Wilson (*Venza sus obsesiones*)

«Las *preocupaciones insistentes* implican pensamientos que causan ansiedad y aflicción. Pero los pensamientos molestos específicos implicados en esa preocupación cambian de un día para otro. Al día siguiente puede que se termine la preocupación. Las *obsesiones*, en cambio, son preocupaciones relativamente estables. Los mismos pensamientos, imágenes o impulsos aparecen de forma reiterada, resultando perturbadores y alarmantes».

David D. Burns (*Sentirse bien* [1] y *El manual de ejercicios para sentirse bien* [2])

«Una tercera suposición silenciosa que conduce a la ansiedad y la depresión es: "*Mi valía como ser humano es proporcional a lo que he obtenido en la vida*". Esta postura es esencial en la cultura y en la ética del trabajo protestante. Suena lo suficientemente inocente. En realidad es autodestructiva, groseramente errónea y perversa».[1]

«La terapia cognitiva se basa en la premisa de que son sus pensamientos, y no los acontecimientos externos, los que le hacen sentirse preocupado».[2]

Walter Riso (*Pensar bien, sentirse bien*)

«Mi defensa del perdón obedece más a razones psicológicas que espirituales o religiosas. Desde un punto de vista cognitivo, no solo es un regalo que le hago al infractor, lo cual puede llegar a ser importante desde un punto de vista humanista, sino es un regalo que me hago a mí mismo, en tanto que dejo de sufrir. Perdonar alivia la carga que me causa el rencor, es dejar mi corazón libre para que vuelva nuevamente a creer y/o amar, es volver al cauce natural».

Christopher K. Germer (*El poder del mindfulness*)
«La amabilidad con uno mismo es lo contrario del juzgarse a uno mismo. Por ejemplo, la declaración de la escala de autocompasión: "Soy tolerante con mis propias imperfecciones e incapacidades" es lo contrario de: "Cuando veo aspectos de mí mismo que no me gustan, me deprimo". Tenemos tendencia a juzgarnos a nosotros mismos cuando las cosas no van bien, añadiendo insultos a la herida. Una persona autocompasiva responde a las dificultades y contratiempos de una manera afectuosa y comprensiva en vez de hacerlo con severidad y crítica».

Y dos libros más que tuvieron que ver con el proceso previo y posterior a la depresión:

Allen Carr (*Es fácil dejar de fumar si sabes cómo*)
«Todos los fumadores saben que están haciendo el primo, y esconden la cabeza para no ver los efectos nocivos del tabaco. A lo largo de nuestra vida de fumadores, sin embargo, hay momentos en que las sombras salen a la superficie: cuando vemos ese aviso en el paquete, en el Día Nacional Antitabaco, en un ataque de tos violenta, cuando sentimos algún dolor en el pecho, en la mirada suplicante de algún familiar, al ser conscientes de que nos huele mal el aliento y de los manchados que están nuestros dientes, cuando hablamos con un no fumador».

Alejandro Junger (*El método Clean*)

«Durante miles de años, la humanidad ha reconocido la existencia de elementos tóxicos que causan disfunciones, daños, enfermedades, envejecimiento prematuro y hasta la muerte. Estas toxinas tienen la capacidad de irritarnos, causarnos estrés y, en última instancia, hacer que nuestro organismo sufra de múltiples maneras y en todos los sentidos: desde el ámbito aparentemente abstracto del pensamiento y la emoción, hasta el de los materiales químicos generados como subproductos residuales de la vida diaria de nuestras células. Las culturas antiguas ya sabían que estamos dotados de un gran sistema de detoxificación, resultado de la colaboración armónica de varios subsistemas. Este sistema trabaja continuamente; de hecho, nos mantiene vivos cada segundo de cada minuto de cada día. Si el cuerpo no coordinara constantemente su compleja sinfonía de actividades, los productos de desecho se acumularían, enfermaríamos y eventualmente moriríamos. Este "modo básico de detoxificación" que se está produciendo en cada momento de nuestra existencia forma parte de la fórmula fundamental de la vida. Hace que nuestra existencia sea posible».

Desde este lugar del mundo les envío un saludo afectuoso y muchas gracias.

Capítulo 16

Mi vida hoy: algunos consejos y opiniones

Como capítulo de cierre tengo que decir que me siento muy satisfecho del trabajo que he realizado. Considero que pude expresar las ideas y conclusiones que me fue dejando todo el proceso vivido. Me queda material de apuntes, notas y también de ejercicios que iré recopilando para aportar al blog del propio libro. Esto no impidió explayarme sobre todos los aspectos tratados y hacerlo con comodidad.

He podido cumplir dos deseos muy poderosos: realizar una explicación escrita de mi propia vida y, por otro lado, ofrecer esta experiencia, con sus enseñanzas, a aquel que le pueda resultar útil. Por eso mi sensación es de plenitud. El lector habrá apreciado mi inclinación sostenida de ayudar: para mí es un gran placer hacerlo. En este capítulo final cuento algunos detalles de cómo llevo mi vida hoy. Creo que merecen ser comparados con el periodo complicado de la enfermedad. Por otro lado, quiero dar algunos consejos sencillos, sin otra pretensión de que sirvan de referencia. Por último, finalizar con algunas opiniones personales que con humildad me permito desarrollar para concluir el libro.

Cómo vivo hoy

«¿Quién era y quién soy ahora?»: es una pregunta que tenía escrita por ahí. «Yo soy de los que me preocupo por todo, en especial, por todo lo que hago por los demás»: esta frase resume mi vida previa a la depresión. Ahora eso ha cambiado. Me ocupo de los demás, pero, ahora, además, lo disfruto. Ocuparse es algo mucho mejor que preocuparse. Si no puedo por tiempo, capacidad o, simplemente, porque no lo deseo, me lo permito y me excuso con sinceridad de aquello o con aquel que esperaba algo de mí. Francamente, es mucho mejor, no solo más sano, sino que además da firmeza a las relaciones con las personas con las que tengo trato. *Estoy aprendiendo que existe un vínculo entre saber cuidarse y quererse a uno mismo con querer a los demás.* La correspondencia es directa, no indirecta. ¿Y por qué?: si no lucho en mi contra tengo energía para mucho más y, cada vez, de mejor calidad. Cuanto más sano estoy, mejor puedo actuar con quien necesite mi ayuda. Del mismo modo hacia mí mismo. Esto es grandioso y válido para cualquier persona y, desde ya que lo es para mí. Unos meses después de vislumbrar que ya no sufría la depresión, hice una pequeña lista que me indicaba cómo me sentía. Quiero mostrarla porque significa mucho para mí y es demostrativa:

Mi guía de 5 puntos

1. Hago lo que quiero.

Significa que conseguí que cada paso que voy dando en mi vida cuenta con mi impulso y mi decisión. Esto es maravilloso, porque ya no dependo de que las situaciones o las circunstancias sean favorables o no, sino que, con mi impronta, moldeo la forma de llegar adonde quiero. Si tengo que rectificar o abandonar un proyecto o algún quehacer, no me recrimino por haber perdido el tiempo o por haberme equivocado en la idea inicial, sino que le busco a la situación el sentido de aprendizaje que tiene todo en la vida. Es, como digo, extraordinario.

2. Disfruto de la vida tal cual viene.

Hay millones de detalles por los cuales la vida es tan especial... Ahora vivo atento a esos detalles. La amplitud de miras es muchísimo más desarrollada que antes de la depresión. Puede haber muchos días grises, opacos e incluso tristes o molestos por muchos motivos, pero incluso en esos momentos puedo decirme: «Viví la vida tal cual viene». Significa que agradezco estar vivo. Tanto para ver algo muy lindo como para ver algo muy feo. Agradezco estar vivo, en cualquier circunstancia.

3. Me entiendo a mí mismo.

Entenderme a mí mismo es simplemente seguir tratando el diálogo que alguna vez se rompió en mí. Si sigo así, cada día podré comprenderme más: aquello que no me gusta de mí, o que mis seres queridos, amigos, etcétera, quisieran que mejorase y que puedo aprender a ver, lo tengo más a mano. También puedo perdonarme errores o tratarme con otra consideración. Si tengo que conseguir un objetivo difícil, será bueno que me ayude y me haga a mí mismo de soporte para no caer. Respetando si me canso, respetando si no sé, respetando si no me apetece; en definitiva, respetándome.

4. Encuentro el amor.

Si vivo encerrado no podré querer ni ser querido. Tan simple como eso. Tampoco podré disfrutarlo con lo maravilloso que es dar amor y recibirlo. Porque lo es. Antes vivía dentro de un «paquete» porque sufría constantemente, conmigo mismo y con los demás. No veía a las personas, veía un problema y así evidentemente no se puede querer a nadie. Pero además no recibía la «buena onda» que se me pudiera mandar, con lo cual siempre le daba a mi vida un matiz triste. No había alegría, o pocas veces la sentía: «tenía algo más que hacer», era como respondía en esas épocas al amor. Suena duro, pero así es. Hoy vivo y encuentro el amor en las personas y en mí mismo.

5. Comprendo a los demás.

Puedo abrirme al mundo y a las personas desde otro lugar. No desde el rencor o desde un prisma equivocado. La depresión, de la misma forma que nos hace equivocarnos con nosotros, hace que nos equivoquemos con los demás. Es muy importante este punto, porque no vivimos solitarios y separados del resto de la humanidad, sino que cada día nos topamos con alguien, y si no es cada día, en algún momento lo es. Por eso hoy, como mínimo, le permito a mi interlocutor, explayarse en su cuestión, y de no estar de acuerdo, se lo hago saber sin pretensión de ofender. Las relaciones humanas son difíciles, y eso es lógico y normal, porque vivimos en un mundo también difícil. Lo que vivo en mi interior con respecto a las personas que me rodean es una pretensión de comprensión por mi parte. Habrá veces que lo consiga y habrá otras que no, pero me quedo con la intención. Antes no era así; por tanto, esto es algo más que he ganado.

Consejos

El cuidado personal arranca desde el mismo momento en que nos miramos en un espejo y emitimos alguna opinión sobre nosotros. Si esta opinión es de maltrato, pues entonces algo no está yendo bien. Consideremos algo que pretendí describir a través del libro: *la clave de vivir mejor está en la forma en que me relaciono con mis pensamientos, sentimientos y circunstancias*; ahí está la clave. Pues el primer consejo es ver cada uno cómo está llevando esto en su vida. Nada más simple. Muchas veces las cosas simples son las más efectivas.

Dicho esto comentaré una serie de consejos que pueden resultar útiles al lector:

- Considero que una buena nutrición es muy importante para encontrarse saludable. Entiendo que la comida sana puede tener mala prensa (cada vez menos) con respecto a otro tipo de alimentos, pero me pregunto, si darle algo de comer o de beber a nuestro ser más querido le va a producir una enfermedad, ¿no lo tendríamos que verificar antes? Mi consejo en esto es simple: informarse, informarse mucho. Nuestra vida puede ser muy placentera si cambiamos a una alimentación más sana.
- Hagamos ejercicio, no nos quedemos con solamente algunas caminatas de vez en cuando o con correr un do-

mingo por la mañana. Hacer ejercicio es una parte de la vida bien vivida. No hacen falta grandes cosas para esto. Un par de buenas zapatillas y listo, ¡a correr!

- Practicar relajación. Conmigo fue determinante en cuanto a mejorar mi calidad física y a poder quedarme por momentos en paz. Recomiendo buscar información sobre esto y practicarlo como algo cotidiano, o como mínimo un par de días a la semana. Las mejoras en nuestro cuerpo son notables.
- La meditación no es relajación si bien tienen un principio común: Practicar meditación sí exige un proceso de aprendizaje necesario. Pero es fabuloso para poder autoconocerse.
- La atención plena es una práctica cada vez más extendida; en mi caso me sirvió claramente para encarar momentos difíciles. Pero es muy útil para todo tipo de situaciones, y es especial respecto a las que se dan en un tratamiento de depresión. Los ejercicios son muy útiles, los recomiendo siempre que estén guiados y orientados por un profesional.
- El ahora. Este concepto es desde todo punto de vista revolucionario. Aunque sea más antiguo que la vida misma, conceptualizarlo e incorporarlo a nuestras vidas es muy poderoso. Es simple: no vivo ayer ni mañana, vivo hoy y, si mi atención está en el ahora será cuando más amplitud obtenga. No pretendo con esto explicar en profundidad, ni mucho menos, la idea, pero sí que recomiendo al lector que, como mínimo, le dé un buen vistazo.
- El autoanálisis, el camino al autoconocimiento: estoy seguro de que esta frase debe de figurar en algún libro de psicología, aunque no lo recuerdo, sinceramente. Pero a

mí me genera la conclusión de que somos los primeros que tenemos que observarnos. No vale preguntarle al ser amado, a nuestra familia o al resto del mundo quién somos. Lo que vale es verse y encontrarse uno mismo, aunque suene tonto. ¿Tenemos el valor de mirar hacia dentro o tenemos que preguntar hacia fuera? Auto-observarse no es hipocondría, ni mucho menos, es el camino para ser feliz. Simple y sencillo.

- Alimentemos al cerebro: no dejemos de darle estímulos. Leamos, estudiemos, charlemos, abramos el cerebro a nuevos conocimientos. Podemos conseguir todo si ejercitamos nuestro cerebro. Démosle de comer cultura, hagámosle escuchar música todo lo variada que nos apetezca, permitámosle que vea cosas nuevas y diferentes... No lo dejemos para el final, es nuestra mayor guía. ¿Lo tratamos bien? ¿Cuándo fue la última vez que lo dejaste en paz durante unos minutos? Justamente, piénsalo.

Una opinión final

Hay dos cosas que, ingenuamente, pienso que me gustaría se pudiesen dar en este mundo: por un lado, que hubiera una vacuna contra la depresión, y por otro lado, lo bueno que sería que existiera un manual de procedimientos, para todo el mundo, sobre cómo tratar a un depresivo. Creo que la sociedad debe dar buena nota de este flagelo que cada vez afecta a más gente. Todo aquel que llegue a estas líneas, permítame un momento y piense en qué puede colaborar para mejorar la vida de tantas personas que sufren estas dolencias. Por último, quiero recuperar una idea muy importante: para lograr conseguir nuestros sueños, como para salir de una depresión o de cualquier enfermedad, mantengamos la actitud. Es la guía para todo, incluso para cambiar lo imposible.

«La vida puede tener muchos finales y, al mismo tiempo, muchos comienzos. Estar vivo es increíble, solo eso ya es único e irrepetible. Aplaudamos estar vivos».

Cribado de depresión

Un elevado porcentaje de pacientes con depresión no están diagnosticados ni tratados, por lo que algunos autores proponen la realización de cribados entre la población, con el fin de asegurar que todos sean identificados y reciban el tratamiento adecuado.

Es importante plantearse si la realización de un cribado mejora los resultados en pacientes con depresión mayor y si debiera realizarse de una forma amplia (toda la población general, todos los pacientes que acuden a una consulta) o de una forma limitada (únicamente aquellos pacientes en los que exista algún tipo de riesgo específico).

En un meta análisis reciente, realizado con el fin de evaluar la validez diagnóstica de los cuestionarios en el cribado de depresión, los autores observaron que los test de una pregunta tienen una sensibilidad del 32 % y una especificidad del 96 % con valor predictivo positivo (VPP) del 56 % y valor predictivo negativo (VPN) del 92 %, mientras que los test de dos o tres preguntas tienen una sensibilidad y especificidad del 74 %, con un VPP del 38 % y un VPN del 93 %. Los autores concluyen que los test ultracortos (entre una y cuatro preguntas) parecen ser, en el mejor de los casos, un método para excluir el diagnóstico de depresión y debieran ser usados únicamente cuando existen suficientes recursos para un segundo análisis de los casos inicialmente positivos.

En la GPC de Depresión de NICE, el apartado de cribado de la depresión se basa en dos revisiones sistemáticas. La primera resume el trabajo de la US Preventive Services Task Force e identifica 14 ensayos clínicos aleatorios en los que se evaluó el efecto del cribado rutinario de la depresión en adultos. La segunda revisa un grupo de nueve ensayos similar al anterior, aunque no idéntico. Las conclusiones de NICE fueron las siguientes:

- El cribado rutinario de la depresión puede ser efectivo en la identificación de un importante número de casos, si bien los datos son limitados sobre si tiene algún efecto beneficioso sobre la sintomatología depresiva, aun disponiendo de un programa de tratamiento accesible.
- En un cribado, un cuestionario de dos preguntas es tan efectivo como un cuestionario más elaborado y se adapta mejor a las características de la Atención Primaria.
- Ninguno de los estudios revisados se ocupó específicamente de las personas consideradas de alto riesgo para desarrollar depresión.

- Y sus recomendaciones para la práctica clínica fueron: el cribado de la depresión debería ser abordado en Atención Primaria para grupos de riesgo, como los que tienen antecedentes de depresión, enfermedades incapacitantes u otros problemas mentales como la demencia.
- Los profesionales sanitarios deberían tener en cuenta las potenciales causas físicas de la depresión, la posibilidad de que sea causada por la medicación y considerar si es apropiado realizar un cribado.
- El cribado de depresión debería incluir al menos dos preguntas referentes al ánimo y a la capacidad de disfrute de la persona.
- Es necesario investigar acerca del coste-efectividad del cribado en personas consideradas de alto riesgo de presentar depresión.

En 2004, la Canadian Task Force on Preventive Health Care publicó una actualización de sus recomendaciones tras la revisión de Pignone *et al*. Este grupo de trabajo recomienda realizar el cribado de la depresión mayor en adultos en Atención Primaria, siempre que vaya unido a un tratamiento y seguimiento efectivos. Por último, la Colaboración Cochrane publicó en 2001 una revisión sobre el tema, actualizada en 2005, aunque solo aporta un ensayo respecto a la GPC de depresión de NICE, en la que sus autores concluyen que los cuestionarios de cribado tienen un impacto mínimo sobre la detección, el tratamiento o el resultado de la depresión, y que esta estrategia no debe adoptarse por sí sola.

Resumen de la evidencia
- Los test de más de una pregunta (entre dos y tres) son los más apropiados para la realización del cribado de la depresión.
- Los estudios disponibles en la actualidad nos muestran que, si bien existen instrumentos válidos para identificar o excluir casos de depresión, no existen suficientes pruebas acerca de su capa-

cidad para alterar de forma favorable la evolución y pronóstico de la enfermedad.

- El cribado de la depresión mayor, sin un programa de tratamiento accesible y un seguimiento adecuado, no parece ser efectivo.

Recomendaciones

- De forma general no se recomienda el cribado de la depresión, ya que existen dudas razonables sobre su efectividad a la hora de modificar el curso de la enfermedad si no se acompaña de medidas de seguimiento.
- Debe tenerse en cuenta la posibilidad de patología depresiva en personas con factores de riesgo.
- Los cuestionarios que se deben utilizar deberían incluir al menos dos preguntas referentes al ánimo y a la capacidad de disfrute de la persona.

Fuente: *Guía de práctica clínica sobre el manejo de la depresión mayor en el adulto.* Guías de práctica clínica en el SNS; Ministerio de Sanidad y Consumo.

Agradecimientos

A la Dra. María Oliva Virseda Quintanilla, por sus opiniones y crítica profesional.

A mis hermanas Diana y Lilian, y a mi sobrina Romina, por alentarme y leer mis manuscritos previos.

A Julia Sariego, por sus jóvenes opiniones sobre los dibujos.

A mis amigas y amigos que leyeron los borradores del libro y *testearon* su contenido: Graciela Godoy Marticani, Mariela Gimenez Delgado, Elisabeth Genais, Genona Galera, Rosangela Silveira Martins, José Luis Nieto Garzón y Juan Jordán Carbonell.

A Juan Carlos Miguel Carrascosa, por haberme comprendido en su momento en el trabajo, lo que permitió que pudiera salir adelante.

A todos los que menciono en algún lugar del libro, por sus opiniones, comentarios y críticas. A todos, les estoy enormemente agradecido.

Y para el final dejo un agradecimiento muy especial, con todo mi cariño, para Laura Tobia, que estuvo en el momento más duro de la enfermedad y me ayudó en la construcción del libro. Gracias, por siempre gracias.

Sobre el autor

Mientras preparaba los borradores del libro fantaseaba que lo mejor que podía suceder era que fuese leído sin considerar al autor. Porque el sentido de este trabajo es que se pueda apreciar la enfermedad, más allá de mi propio ejemplo; cómo enfrentarla y cómo aspirar a ser feliz. Además —con honestidad lo digo— por momentos he sentido el pudor a una exposición pública porque, en definitiva, estoy contando detalles de mi vida íntima. Es por esto que publicar de forma anónima estuvo en mi mente en varias ocasiones. Pero luego fui dándome cuenta de que, incluso yo mismo como lector, al leer algo de interés e importancia necesito conocer quién es el que escribe. Es así que me decidí a hacer una reseña de mi vida, más o menos cronológica, para que se pueda tener como referencia.

Nací en la ciudad de Mar del Plata, provincia de Buenos Aires, Argentina. Los años de mi niñez y preadolescencia fueron muy felices. Recuerdo esos juegos infantiles que tanto disfrutaba con mis vecinos del barrio. Me pasaba horas y horas jugando con ellos. Probablemente, y metafóricamente hablando, si no fuera por nuestras madres, o padres, que nos ponían algún límite, todavía estaríamos jugando a la «bolita» o la pelota en el descampado, o haciendo una «casita» arriba de los árboles. En algún lugar de mi interior quedaron grabados esos momentos. Me gustaba mucho estudiar, algo que no competía con divertirme. Me sentía bien en esa dualidad. También disfrutaba de una gran curiosidad, lo que me permitía estar abierto a todo lo nuevo. Esos años son los que sentaron las bases mismas de mi personalidad.

Ya en la adolescencia empecé a interesarme por lo que sucedía a mi alrededor y fui creciendo como un joven preocupado por las necesidades de mi entorno. De a poco me interesé en la vida social de mi barrio y de mi escuela y, en un periodo posterior, por la vida política. Por eso participé, como muchos otros jóvenes, en el cometido de lograr una democracia estable en mi país, algo que se venía luchando desde muchos años. Esta experiencia dejó una huella imborrable en mí, ya que me demostró que muchas personas que buscan un propósito común pueden lograrlo si se encuentran y hacen esfuerzos colectivos. Al promediar los 19 años, recién acabada la escuela secundaria, con óptimas perspectivas laborales y, al mismo tiempo, iniciando una carrera universitaria fui sorprendido por la Guerra de las Malvinas. En esa época de la historia de mi país existía el servicio militar obligatorio que implicaba que los jóvenes entre 18 y 25 años formaran parte de las fuerzas armadas como soldados durante año, o año y medio, según el sorteo que tocase y la fuerza a la que a uno fuera destinado. A mí me tocó formar parte de la Infantería de Marina.

Contar la experiencia de una guerra vivida de forma directa no es el motivo de este libro, pero puedo decir que sacudió las bases mismas de mi existencia. Sus consecuencias las fui asimilando con muchas dificultades en años posteriores. Aunque pueda sonar a tópico o remanido, esos años pude apreciar lo mejor y, dolorosamente también, lo peor de la condición humana. No existe momento más extremo, en nuestra existencia, que aquel en donde en nombre de tu patria estés dispuesto a matar a otro ser humano. No hay forma de permanecer indiferente a los poderosos sentimientos que se generan ante una situación así. Quedan grabados en tu memoria para toda la vida.

Los años siguientes me encontraron en la tarea de consolidarme a nivel laboral y profesional. Me casé un poco antes de los 30 años, tuve dos hijos y, posteriormente, viví unos años maravillosos donde compartir, luchar en el día a día y disfrutar del hogar eran mi vida. En esos años falleció mi padre después de una terrible enfermedad. Alguien a quien admiraba y quien, junto a mi querida madre, más hicieron para que fuera un hombre honrado y, a la vez, un luchador por un mundo más justo y mejor para todos. Días antes de morir mi padre me dijo: «Haz lo que creas conveniente hacer con tu vida, no lo que supongan otros que tienes que hacer; no te quedes con nada sin vivir, nada de lo que realmente quieras y, por último, saca lo mejor de ti en todo siempre, eso es lo que importa de la vida». Hoy lo tomo de ejemplo para mencionar la integridad, el valor del esfuerzo sano y la honestidad como valores dignos a destacar en estos tiempos, y en todos los tiempos.

En años siguientes se sucedieron dos hechos, muy distintos entre sí, pero que quiero mencionar. Por un lado, me divorcié, hecho que significó para mis hijos y para mí una gran conmoción. Recomencé mi vida, a partir de ahí, desde otro punto de vista. Y, por otro lado, me topé con Internet, algo que hoy no supone ninguna novedad ni sorpresa, pero en ese momento me resultó revelador. Internet llegó a mi vida para impulsar y consolidar algo que se encontraba latente en mí, como es la investigación y el estudio. Lo menciono como un detalle importante porque a *posteriori*, como le sucedió a miles de compatriotas, me vi obligado a emigrar, y ese conocimiento previo me permitió hacer un análisis detallado de las oportunidades que tenía.

El proceso de afincarme en otro país resultó, desde todo punto de vista, traumático para mí. Todas las gestiones que tuve que realizar para lograr la documentación necesaria se transformaron casi en hechos heroicos. Parecía que mi único objetivo en la vida era lograr que me reconocieran el derecho a trabajar y vivir dignamente; en cierto modo se transformó en una lucha por la igualdad. Fueron seis años en donde bregué por obtener la misma condición que el resto de los ciudadanos. A raíz de esto empecé a relacionarme, y compartir, con personas oriundas de distintos países que venían sufriendo lo mismo. Estos intercambios fueron generando la idea de conformar una asociación que luchara por reclamar, resolver y solucionar algo que entre los estados no hacían. En ese esfuerzo colectivo me tocó jugar un papel destacado, transformando en positivo el dolor que me generaba la injusticia que venía sufriendo. La creación de la ONG y mi implicación en ella fue total. Es un hecho destacado de mi vida.

En el año 2010 sufrí una feroz depresión que supuso poner en duda mi existencia. De esa experiencia dolorosa, de la que aprendí mucho, fue naciendo el libro que terminé escribiendo. En el momento actual me encuentro estudiando las teorías del *coaching* y preparándome para ingresar a la carrera de Psicología. Asimismo, pretendo crear el blog del libro y otras herramientas y gestiones que apuntalen la mayor difusión posible de la temática de este tipo de enfermedades y la forma de evitarla. Me propongo impulsar foros y coloquios en donde se traten los temas de la depresión para ayudar a las personas que sufren este mal. También poder ayudar a familiares, círculos de amigos y profesionales de la salud que asisten a estos enfermos. Es por ello que, también, he comenzado a trabajar reuniendo material, opiniones y entrevistas para realizar un nuevo libro donde aborde el problema de la depresión desde la óptica del familiar o allegado al enfermo. Considero que la visión sobre este flagelo debe ser tratado en toda su amplitud.

www.ingramcontent.com/pod-product-compliance
Lightning Source LLC
Chambersburg PA
CBHW060451290526
45791CB00001B/64